4차 산업혁명, 디지털 전환이 우선이다

미래를 준비하는 기업의 성공 전략

남호기 지음

Digital Transformation First

도서출판 해남

4차 산업혁명, 디지털 전환이 우선이다

초판1쇄 인쇄 2019년 2월 20일
초판1쇄 발행 2019년 2월 27일

지은이 남호기
발행인 노현철
발행처 도서출판 해남

출판등록 1995. 5. 10 제 1-1885호
주 소 서울특별시 서대문구 충정로 38-12(충정로 3가) 우리타워 6F
전 화 739-4822 **팩스** 720-4823
이 메 일 haenamin30@naver.com
홈페이지 www.hpub.co.kr

ISBN 978-89-6238-129-0 03320

머리말

4차 산업혁명이 온 나라를 떠들썩하게 하고 있다. 불교, 기독교 등 영적 세계에 가치를 두고 있는 종교계조차도 4차 산업혁명에 대비해야 한다고 한다. 대부분 국민들이 이러한 연유로 각종 매체를 통해서 4차 산업혁명이라는 용어를 듣고 있으나 정확한 의미를 이해하고 있는 것 같지는 않다. 이와 같이 실체도 명확하지 못하고 선진 사례도 많지 않은 4차 산업혁명을 기업인들은 어떻게 받아들여야 하나? 정말 우리나라 기업 입장에서 4차 산업혁명의 준비가 현실적으로 가장 긴급한 현안인가?

국민 총생산량에 제조업 비중이 높은 우리나라에서 그 동안 효자 노릇을 했던 수출의 증가세가 많이 꺾이고 있다. 세계 경제는 호황을 누리고 있으나, 우리의 경제 여건은 매우 어렵다. 게다가 중국의 추격도 만만치 않다. 현재 글로벌 제조 기업들은 서비스화의 중요성을 인지하고 IT와 결합하여 비스니스의 중심을 제조업에서 서비스업으로 확장하고 있다. 반면에 우리 기업들은 양산 기술은 뛰어나 제품 자체는 잘 만들지만, 제품에 서비스 기능을 추가하는 데는 선진국뿐만 아니라 멕시코보다 한 수 밑이다.

우리 국민들에게 알파고의 충격은 너무 크다. 구글은 전략적인 이벤트로 자사의 가치를 상승시키는 재주가 탁월하다. 인공 지능이 현재 불안의 근원이다. 인공 지능과 같은 혁신 기술이 개인과 기업에 미치는 영향에는 차이가 존재한다. 개인은 융통성이 있기 때문에 혁신 기술에 민감하게 반응하지만 혁신 기술이 기업에 적용될 때까지는 다소 시간이 걸린다. 물론 기업도 혁신 기술에 관심을 갖고 꾸준히 원천 기술을 개발해야 한다. 그러나 기술 관점에서만 4차 산업혁명을 바라보면, 우리는 또 한번 선진국을 따라가는 추격 전략(fast follower)에 불과하기에 변화하는 세상에서 주인이 될 수 없다. 이것은 움직이는 과녁을 계속 쫓아 가는 격일 뿐이다. 이런 상황에서 기업은 하루하루 버티기 힘든 상황이고 불안감만 가중시킨다. 따라서 기업 입장에서는 차분히 단계적으로 대응해야 하는데, 그 우선순위는 무엇보다 디지털 전환이다.

이제는 중후한 자산을 근간으로 사업을 하는 전통 아날로그 기업보다 플랫폼 생태계에 편승한 기업들의 성과가 좋다. 이미 시가 총액 기준 세계 상위 10대 기업의 70%가 플랫폼 기업이다. 전체 기업으로 보면 아직 2% 미만의 기업들만이 플랫폼 비즈니스로 성공하고 있다. 이와 같은 상황에서 우리에게도 기회는 있지만, 내수 시장 규모가 협소하고 세계 소비자를 상대로 하는 차별화된 비즈니스 모델을 갖추지 못한 우리 기업들이 당장 실시하기에는 어려움이 있다.

고객과 시장의 지각 변동이 일어나고 있다. 디지털로 무장한 고객이 자기 방식대로 게임의 법칙을 바꾸고 기업들에게 따라오도록 강요하고 있다. 기존의 광고, 브랜드나 마케팅 방법으로는 감당이 안 되고 있다. 고객을 중심에 두고 고객에 대한 깊은 지식을 갖고 고객 경험에 대한 차별화 전략이 필요하다. 이를 위해 고객 데이터 및 고객 여정 지도를 분석하고 무형 자산 및 디지털에 집중하여야 한다. 디지털 기술은 보이지 않은 곳에서 작동하면서 매력적인 시스템으로 제공되어야 한다.

제조업체의 경우 지금까지는 제조 중심 가치 창출 구조가 핵심적인 역할을 수행했으나 이젠 제품만 팔지 말고 서비스도 함께 팔아 사업을 다변화하는 것이 필요하다. 성과 지향 서비스로 결과나 이익을 배분하는 비즈니스 모델로의 전환이 필요하다는 것이다.

기업의 디지털 전환 영역을 보면, 고객 경험(customer experience), 스마트 공장(smart factory), 스마트 공급망(smart supply chain management) 등 내부 운영 방식과 혁신적인 비즈니스 모델로 형성되는 솔루션 생태계로 구성이 되어 있다. 수익적인 측면에서 보면, 비즈니스 모델 혁신이 개선 활동이나 프로세스 혁신보다는 훨씬 효과가 있으나 하루아침에 성과를 기대하기는 어렵다. 그러므로 우리의 장점인 제조원가, 품질 및 납기의 경쟁 차별화 전략인 생산 운영 효율화를 넘어서서, 수평적으로 판매 증진을 위한 고객 경험의 디지털 전환이 우선 시행되어야 한다. 수직적으로는 생태계 확장으로 제품 및 서비스 제공의 폭을 넓히고 디지털을 이용하는 플랫폼 전략이 필요하다. 이런 고객 경험과 생태계 플랫폼 비즈니스를 하려면 기초가 되는 스마트 공장과 스마트 공급망은 핵심 코어이자 기반이다. 이런 튼튼한 기반 없이는 사상누각일 뿐이다.

본서에서는 기존 아날로그 기업들이 혁신 기술로 인해 변화하는 세상에서 어떻게 생존 전략을 수립할 것인가에 초점을 두었다. 디지털 전환은 비즈니스 모델을 선형적인 가치 사슬에서 좀 더 복잡한 네트워크 시스템으로 옮기고, 고객의 요구를 잘 이해하여 참여를 유도하는 것이다. 그리고 소비자에게 자체 소유의 제품 및 서비스뿐만 아니라 전체 생태계의 공급자가 제공하는 제품을 판매함으로써 원활한 경험을 제공한다.

오늘날의 CEO는 불확실성 시대에 디지털 혁명이 길을 열어준 디지털 플랫폼 경제의 시대적 요구를 이해하고 고객 친밀도, 더 큰 플랫폼 기능 또는 두 가지 모두를 통해 디지털 전략을 수립할 필요가 있다.

4차 산업혁명이라고 하는 기업 성공 사례는 디지털 시대의 디지털 전환에 불과하다. 뜬구름 잡는 4차 산업혁명은 잠시 접어 두고 우선 디지털 전환에 올인하자.

차례

머리말 i

차례 vii

제1장 디지털 전환:
왜 지금 4차 산업혁명이 아니고 디지털 전환을 이야기하는가?

변화의 물결, 플랫폼에 동승하다 3

고객과 시장의 변화 8

디지털 플랫폼 기업의 등장 14

디지털 생태계를 위한 디지털 전환 16

아날로그 기업의 미래 비즈니스 모델 22

제2장 디지털 전환의 우선순위인
고객 경험

고객은 특별한 경험을 사고 싶어한다 29

고객의 특성과 기업의 도전 과제 37

이미 눈앞에 온 혁신 무기들 43

고객 경험 설계 원칙 51

고객 경험 시스템 60

제3장 스마트 공급망: 디지털 전환의 통합망

디지털이 주도하는 공급망의 변천사 71

스마트 공급망의 특성 74

화이트칼라, 엑셀에서 해방되다 78

공급망 데이터를 분석하고 기회를 잡아라 95

제4장 스마트 공장: 디지털 전환에 불을 붙인 스마트 공장

우리의 제조업 포기해야 하는가? 109

디지털 제조 117

디지털이 그리는 미래 공장의 모습 140

제5장 디지털 플랫폼 비즈니스 모델: 디지털 전환의 미래

기존의 개선 활동과 프로세스 혁신보다 비즈니스 모델로 승부하라 157

플랫폼 생태계 169

디지털 플랫폼 비즈니스 모델 186

부록 Deep Dive

DEEP DIVE 1: 수요 기반 공급망 199

DEEP DIVE 2: 자가 학습 알고리즘 기반의 수요 감지 202

DEEP DIVE 3: 가상 물리 생산 시스템의 통제 구조 204

DEEP DIVE 4: 디지털 플랫폼의 기술 빌딩 블록 세트 207

찾아보기 209

Chapter

1 디지털 전환: 왜 지금 4차 산업혁명이 아니고 디지털 전환을 이야기하는가?

제1장

디지털 전환:
왜 지금 4차 산업혁명이 아니고 디지털 전환을 이야기하는가?

변화의 물결, 플랫폼에 동승하다

최근 디지털 파괴력을 여러 곳에서 볼 수 있다. 실물자산이 전혀 없는 우버(Uber), 에어비엔비(Airbnb)와 같은 기업들이 실물 공간과 가상 공간을 결합하여 그 업종에서 최고 자산 가치를 영위하는 것이 그것이다. 그뿐만 아니라 인프라가 전혀 없는 Scype가 그렇고, 알리바바(Alibaba)는 재고를 하나도 보유하지 않으면서 유통업의 강자로 부상하고 있다. 그 밖에도 넷플릭스(Netflix), 아이튠즈(Itunes), 아마존(Amazon) 등 많은 기업을 볼 때마다 디지털 파괴력이 어디까지 갈지 상상할 수 없다. 그렇기 때문에 CEO는 자회사의 디지털 전환(digital transformation)에 박차를 가하고 있다.

2015년 *Sloan Management Review* 기사에서 비즈니스 세계는 빠르게 디지털화되어 오랫동안 성공한 비즈니스 모델을 파괴하는 동시에 업계의 장벽을 허물고 새로운 기회를 창출한다. 이 프로세스를 디지털 파괴라고 한다.

최근 세계 최상위 기업의 시가 총액 순위를 보더라도 이

그림 1.1 시가 총액 상위 10대 기업

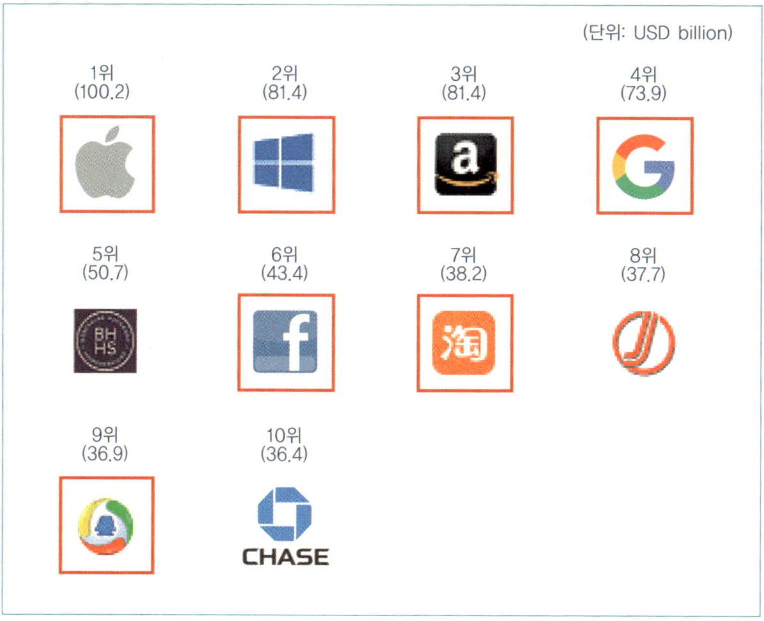

전의 기업 관련 통계와는 다른 새로운 변화를 알 수 있다. 그림 1.1에서 보는 것같이 10개 회사 중 붉은 색으로 표시한 7개 회사가 이미 플랫폼을 운영하여 **디지털 생태계**(digital ecosystem)를 구성하였다. 한마디로 플랫폼 경제(platform business)가 회사 순위를 완전히 바꾸어 놓았다.

디지털 생태계: 정보를 만들어 내는 생산자와 이를 유통하는 사업자, 그리고 소비자가 함께 가치를 공유하고 공존하는 상생의 질서를 일컫는 의미이다. 디지털 생태계란 결국 디지털 플랫폼 기술에 의해 영향을 주고받는 경제사회 생태계를 말한다.

단순히 스마트한 제품만 공급하는 것이 아니라 공급자와 소비자를 플랫폼으로 연결하여 가치를 창출하고, 거래로 발생된 데이터를 분석하여 서비스도 제공함으로써 사업 영역을 확대하려는 시도가 보인다. 그런데 이러한 시도는 제조 기업에서는 도전이 아닐 수 없다.

독일의 궤도 수정

독일은 기존의 자국 IOT(internet of things) 융합 임베디드 시스템의 핵심 역량을 바탕으로 2014년 인더스트리 4.0(Industrial 4.0)을 주창하였다. GDP에서 제조업이 차지하는 비중이 높기 때문에 세계 제조 시장을 석권하려는 야심찬 계획을 가지고 있다. 그러나 그림 1.1에서 보는 것같이 기업의 시가 총액 상위 그룹이 대부분 플랫폼 경제를 실현하는 미국계 기업들이고 중국계 기업도 2개나 있다. 또한 2013년 OECD 서비스업의 평균 부가가치 비중은 약 71%이며, 고용 비중도 73%로 서비스업의 중요성을 무시할 수 없다. 제조업만의 활성화로는 한계가 있다는 것을 인식한 독일은 인더스트리 4.0 주창 이후 후속 프로젝트로 디지털 생태계의 완전 구현을 목표로 전 산업의 스마트 서비스 월드(Smart Service World) 2025를 발표하고, 2015년 3월에 1차 보고서를 발행하였다.(1) 이 보고서를 보면 프리미엄 제품을 제조하는 많은 독일 제조업체는 제품 기반 비즈니스 모델의 포로에 사로잡혀 있다는 반성을 하고 있다. 또한 디지털

스마트 서비스 월드 2025: 이 프로젝트는 독일 정부의 디지털 생태계 조성을 위한 혁신 전략과 디지털 인프라 구축 전략(디지털 아젠다)의 핵심 과제이다. 독일 경제에너지부(BMWi)는 인더스트리 4.0(2012~2015년)에 2억 유로, 스마트 서비스 월드 2025에 약 5,000만 유로(2014~2019년)를 투자하여 스마트 제조와 서비스를 위한 기술 개발과 인프라를 구축해 가고 있다.

가치 네트워크와 스마트 서비스를 결합한 시스템이 독일 및 유럽 산업의 생존에 중요한 역할을 하고, 최종적으로 서비스 플랫폼을 제어하는 사람이 전체 가치 사슬을 통제한다고 서술하고 있다.

몇 년 전까지만 해도 디지털 전환은 소비자와 접점이 있는 전방위(front office) 부분이 다수를 차지하였다. 즉, B2C에만 해당되었는데 최근에는 IOT 영향으로 B2B까지 확대되었으며, 제조 및 공급망의 디지털 전환까지 확대일로에 있다. 이러한 디지털 파괴는 소비자와 접점 방식의 변화로 등장한 디지털 소비자(digital comsumer), 업무 방식의 변화를 초래하는 디지털 회사(digital enterprise), IOT와 밀접하게 연결하는 디지털 공정(digital operation)으로까지 확산됨으로써 이러한 변화의 물결은 거스를 수 없는 상황이 되었다. 이로써 비효율적인 것이 가장 빨리 파괴될 것이라 예상된다.

전방위: 고객을 직접 대하는 업무를 수행하거나 해당 업무에 사용되는 도구(웹페이지 등)를 운용하는 것을 말하며 영업이나 마케팅이 이에 해당한다. 후방위(back office)는 회사를 운영하기 위해서 시설 및 인사, 회계 및 생산 등 관리하는 업무로 표현된다. 여기에서는 제조와 공급망을 이야기한다.

Business to Consumer: 기업이 소비자를 상대로 상품을 판매하는 형태.

Business to Business: 기업과 개인이 아닌, 기업과 기업 간의 거래를 기반으로 한 비즈니스 모델을 의미한다.

빅 데이터를 관리하는 클라우드가 일등 공신

디지털이 모든 것을 파괴할 것이라고 예측했던 것이 1990년대 후반에 정보 기술(information technology) 버블로 이어졌지만, 그때와 지금은 기술적인 면에서 다른 환경이다.

많은 기업들이 전통적인 정보 기술 기반 환경에서 클라우드 환경으로 이동하고 있다. 클라우드 컴퓨팅은 고정 자산에 투자할 필요 없이 합리적이고 확장 가능한 저장 기능을 제공한다. 컴퓨팅 처리 속도가 과거에 비해 백만 배 빨라지고 초고속 병렬 처리 기술과 인공 지능 소프트웨어의 오픈 소스화로 대형 데이터 분석이 경제적으로 가능하다.

기업들은 클라우드가 제공하는 민첩성, 유연성 및 경제성을 점점 더 많이 선택하고 있다. 클라우드에 배치된 연결 시스템을 이용하여 기업들은 지속적인 혁신을 가능하게 했다. 이 개념은 디지털 전환의 기본이며 기업에서 기술을 보는 방식을 바꿀 때이다. 이제 우리는 핵심 솔루션을 별도의 객체로 생각하지 않고 조직의 다른 부분에 가치를 나누어 주는 상호 연관된 제품, 서비스 및 소프트웨어를 만드는 데 사용하는 연결된 생태계로 간주해야 한다.

클라우드 컴퓨팅은 스마트 공장을 가능하게 하는 핵심 기반 플랫폼 기술이다. 이는 현대 제조 기업의 거의 모든 측면에 침투하여 오늘날의 제품이 어떻게 설계되고, 만들어지고, 사용되는지에 대한 변화에 기여한다. 클라우드 컴퓨팅은 제품 출시 시간 단축, 협업 촉진, 공급망 통합 지원, 새로운 비즈니스 모델 구현, 운영 효율화 향상, 비용 절감 등 크고 작은 제조

업체에게 많은 혜택을 제공한다.

공유 경제의 일환으로써 기업이 클라우드 우선(cloud first)으로 전환하면 자산 및 자원을 공유하고 IT 기능의 인지 능력을 높여 더 높은 가치를 창출한다. 또한 모바일 기술, 메모리 내 컴퓨팅 및 예측 분석과 결합하면 클라우드 기술이 원동력이 되어 기업이 원하는 결과를 달성하는 데 필요한 속도로 혁신할 수 있다.

고객과 시장의 변화

최근 생산과 소비 환경의 변화를 보면, 크게 고객 중심(customer centricity), 초개인화(hypersonalization products), 공유 경제(sharing economy)로 특징지을 수 있다.(2)

모든 것이 고객 중심이다

소비자는 언제, 어디서, 어떤 디바이스 및 채널을 통해서도 거래할 수 있기를 원한다. 또한 물건의 가격도 싸야 하고, 필요할 때 즉시 공급이 가능해야 하며, 원하는 물건은 특색 있고 다양해야 한다. 이러한 요구를 만족시키기 위해 기업은 요구에 걸맞는 수요 감지, 생산 방법, 그리고 제품 전달 방법의 변화가 예상된다. 즉, 고객 중심 디지털 프로세스(customer-driven digital process)와 관련 기술로 무장하여야 한다.

옴니채널 영업(omni-channel sales)

소비자는 물건을 살 때 매장과 온라인 양쪽에서 장소에 관계없이 본인들이 편리하게 가격 비교, 제품 기능 및 성능을 파악하고, 재고와 택배 여부를 확인하고 싶어한다. 이렇게 옴니채널 영업이 보편화되어 있다.

총알 배송

개인화된 상품을 요구하는 다수의 밀리니언 세대는 즉납품(direct-to-customer fulfillment), 새로운 옴니채널을 이용하여 물건을 구입한다. 아마존은 캘리포니아주의 경우 웹으로 물건을 주문하면 2시간 이내에 물건을 전달한다는 물류 전략을 세웠다. 월마트 또한 소비자가 온라인으로 물건을 주문하면 주문자의 집과 가장 가까운 대리점에서 물건을 전달하는데, 이런 시스템이 원만하게 이루어지려면 물류 센터와 상점 사이의 절름 없는 보충(fulfillment) 프로세스가 정립되어야 한다. 2014년

SCM World 조사에 의하면 45%의 기업이 이미 즉납품 기능을 수행하고 있다고 한다.

수요 감지

기업들은 소비자 구매 패턴을 구조화된 영업 관련 데이터뿐만 아니라 SNS 같은 비정형 데이터, 대외적인 경제 지표, 시장 정보 데이터 등을 다양한 방법으로 분석하여 예측 정확도를 높이려 노력하고 있다. 이전의 예측 시스템은 주로 중, 장기적 예측에 적합하다. 그래서 기업은 단기적인 예측 정확도를 높이기 위해서 수요 감지(demand sensing)를 활용한 매일의 소비 패턴 인식과 예측 분석(predictive analytics)으로 수요 관리를 한다.

수요 감지는 수요 예측을 기반으로 하지만, 수요를 매일 분석하여 차이가 있을 경우 단기 분배 계획(distribution planning), 수송 계획(transportation planning) 및 전 공급망의 공급 계획(supply planning)을 다시 세우고, 소비자에게 만족스러운 제품과 서비스를 제공하기 위해 후행 프로세스에 문제가 없도록 신속하게 대응(rapid response)해야 한다. 이 후행 프로세스가 물류의 실행 기능인 창고 관리 시스템 및 수배송 관리 시스템인데, 상위 계획 프로세스에 순응할 수 있도록 설계되어야 한다.

고객의 요구 사항을 반영하여 실용 최소한의 제품

실용 최소한의 제품: 사용자에게 가치(사용 편리성, 기쁨, 효율성, 안전성, 효과성 등)를 제공할 수 있는 최소한의 기능만을 구현한 제품으로서, 해당 제품을 우선 빠르게 개발 및 상용화하고 이후 사용자의 사용 경험 및 요구에 기반하여 보완해 나가는 과정으로서 고객 중심의 제품 개발 프로세스이다.

(minimum viable product: MVP)을 조기에 완성하고, 계속해서 고객의 의견을 들어 최대한 신속하게 제품을 개발하여 시장에 내놓는 것이 신제품 개발에서 고객 중심의 프로세스이면서 전략이기도 하다.

초개인화 제품

고객은 더 이상 똑같은 제품 및 경험을 원하지 않는다. 데이터 기술의 발달 및 높은 고객 기대치로 인해 대부분의 산업은 개별화된 제품 및 서비스 수요에 직면하고 있다. 각 제품 및 서비스는 모든 사람의 필요와 취향에 따라 맞춤화 제품이 되어야 한다. 또 한편으로 소비자는 원하는 제품과 서비스를 만드는 데 적극 참여하고 있다. 개인화된 제품 사례는 여러 곳에서 볼 수 있고 현재 진행 중이다. 자기가 디자인한 신발(아디다스), 자판기에서 자기만의 레시피를 요구하는 음료수, 자신이 설계한 자동차(local Motors), 맞춤형 모터사이클(할리데이비슨) 등이 대표적인 사례라 할 수 있다. 이런 요구가 제조 기업에게 유연한 프로세스나 플랫폼을 가지도록 압력을 행사하고 있다.

맞춤화 생산이 가능하려면 우선 회사에서 운영되고 있는 영업 시스템은 개별 세분화 마케팅(segment-of-one marketing)이 가 제품 수명 주기 관리: 제품의 전 수명 주기를 통해 제품의 관련된 정보와 프로세스를 관리하는 것을 말한다. 여기서 제품의 수명 주기라는 것은 초기의 제품 요구 사항부터 개념 정의, 개발 및 생산 그리고 유통과 서비스 마지막 단계인 운용 및 유지 보수 그리고 폐기나 재활용까지를 의미한다.

능하도록 소비자에게 제공되어야 한다. 그리고 제품 수명 주기 관리(product lifecycle management: PLM)가 맞춤 설계를 하고 응용 소프트웨어(ERP, SCM)와 연동되어야 로트 사이즈 1 생산이 가능하다. 이 디지털 제조(digital manufacturing)는 제품 개발과 생산의 경계가 사라지고 동시에 진행되어야 한다. 또한 제조 현장에서는 투입되는 기계의 성능, 신뢰도가 높아 고장이 없고 유연성과 자동화를 갖추어야 맞춤화 생산이 실현될 것이다. 기업들은 대량 맞춤화(mass customization)나 대량 개인화(mass personalization)를 통해 고객들에게 더욱 넓은 선택의 폭을 제공할 것이다.

공유 경제

자산을 공유하는 공유 경제(sharing economy)가 도래함으로써 실물 자산에 투자하기보다는 자원을 공유하는 형태로 바뀌었다. 에어비엔비, 우버와 같은 기업들이 대표적인 공유 경제를 실현하는 기업으로서 성공의 주요 동인은 소비자와 공급자에게 주는 가치이다. 디지털 플랫폼을 통해서 공유 자산을 최대한 이용하여 운영 효율화를 추구하면서 참여자들의 혁신 노력으로 가치를 추구하는 방식이다.

디지털 플랫폼: 정보 및 콘텐츠 서비스, 상거래, 중계 등을 위해 판매자와 구매자 양쪽을 특정 사이트로 참여시켜 새로운 가치를 창출하는 방식이다. 자세한 내용은 5장을 참조하기 바란다.

디지털 플랫폼은 충분히 활용되지 못한 자산들(자동차의 빈자리, 집의 빈방, 사용하고 남은 유휴 자재, 설비 등)을 활용하여 거래를 하거나 서비스를 제공할 때 발생하던 거래 비용이나 마찰 비용을 크게 감소시켜 한계 비용이 거의 "0"에 이르게 함으로써 참여자 모두에게 경제적 이익을 주게 된다.

한계 비용: 재화나 서비스를 1단위 더 생산하는 데 들어가는 추가적인 비용을 말한다. 한계 비용은 총비용 증가분을 생산량 증가분으로 나눈 것으로, 생산량 한 단위를 증가시킬 때 총비용이 얼마나 변화하는지를 나타낸다.

소유보다는 사용의 개념이 강해지는 공유 경제가 제조업에 적용될 경우 기업의 비용이 감소하고 효용 및 생산성이 증대되는 효과를 가져올 수 있다.

아울러 소비자에게는 온라인을 통해 유휴 자원을 쉽고 보다 저렴하게 이용할 수 있게 해주는 O2O 서비스가 활성화된다. 그리고 제조 기업들은 자체 공정의 유휴 설비 등의 관리가 용이해질 뿐 아니라 국내를 비롯하여 해외의 활용 가능한 자원 현황까지도 접근할 수 있게 된다.

O2O: 온라인(online)과 오프라인(offline)이 결합하는 현상을 의미한다.

소비 환경 변화에 발맞추어 첨단 기술을 보유한 기업과 스타트업 기업이 비즈니스를 리딩하는 이머징 마켓(emerging market)으로 세상이 변화되었다. 기존 기업은 기술을 통해 혁신을 창출해야 하며, 그렇지 않으면 경쟁사의 손에 파괴될 상황에 직면하게 된다. 이것이 기업들에게 디지털 전환을 압박하는 주요 원인이다.

이머징 마켓: 신흥 시장을 뜻하며, 과거 일반 시장보다는 금융 및 자본 시장의 발달에 따라 해당 시장을 지칭한다.

디지털 플랫폼 기업의 등장

한국은 IT 강국이라고 모두들 이야기한다. 우리는 모바일, 인터넷, 엑셀 등 IT 수용도가 1위인 나라이고, 외국에서 만들어 놓은 응용 소프트웨어를 테스트하는 데 일등 국가이다. 그러나 디지털의 큰 그림을 그리는 데에는 아직 부족함이 있다. 일례로 회사원이 회사 근무 중에는 아직도 업무와 관련하여 폐쇄적인 시스템 세계에 빠져 있는데, 퇴근과 동시에 다양한 플랫폼을 잘 이용하는 것만 보더라도 개인은 디지털 성숙도가 이미 상당한 수준에 있다. 그런데 우리 기업은 어떤가? 창의적 기술력과 플랫폼을 개방해서 산업 패러다임을 바꿀 수 있는 생태계를 구축한 경험이 많지 않다.

세계는 현재 새로운 비즈니스 모델의 일환으로 플랫폼 전략에 관심이 많다. 다양한 플랫폼 전략들이 소개되고 있다. 애플, 구글과 같이 디지털 플랫폼으로 시작한 IT 대기업들도 있다. 아마존, 알리바바처럼 이커머스 플랫폼, 유니콘 기업으로 시작한 우버, 에어비앤비도 있다. 뿐만 아니라 GE, 지멘스 등의 제조업 플랫폼도 존재한다.

전 세계 스타트업 기업 중 상장 전 기업 가치가 10억 달러(1조 원) 이상인 기업을 '유니콘(unicorn) 기업'이라 한다. 이 유니콘 기업의 시가 총액이 높은 이유는 그 회사의 비즈니스 잠재력이나 확장 가능성 여부가 매출이나 이익보다는 사회적 영향력(social impact)이 주요 판단 요소이기 때문이다. 전 세계적으로 236개 이상 유니콘 기업이 존재하나 최근 3년 사이에 기하급수적으로 늘어났다. 한국에는 고작 2개뿐으로 전체 비율로는 1.3%에 해당한다. 분야별로는 전자 상거래 비중이 가장 많았으며, 다음으로 인터넷 소프트웨어 업종, 핀테크, 의료 건강, 공유 경제 등이 뒤를 이었다.

그런데 근래에는 유니콘 대열에 지각 변동이 일어나고 있다. 지금까지는 다수가 미국 기업이지만 2위인 중국 기업의 추격이 만만치 않다. 곧 중국 기업이 양적으로 유니콘 기업 1위 대열에 오른다. 예를 들면, 우버가 창의적인 발상으로 무에서 유(0에서 1)로 창업하여 성공을 거두자, 중국 우버의 짝퉁인 디디추싱(Didi Kuaidi)은 텐센트와 알리바바의 투자를 받아 창업하여 기존 우버의 기능에 새 기능을 추가하여 1에서 100을 만든 것이다. 그리하여 중국 내수 시장의 지원을 받아 중국 운송의 85% 서비스 점유율을 확보했다. 디디추싱의 시가 총액과 우버의 시가 총액을 비교해 보면 만만치 않은 규모이다. 실혹 스타트업 기업이 기발한 비즈니스 모델을 창안하더라도 성공에 이르기까지 많은 요건들이 필요하다. 비즈니스 모델이 아주 정쟁이 심하고 유연성 있게 변경되어야 하기 때문에 시스템 개발 인력을 보유하지 않고 외주로 개발할 경우 벤처 투자 회사들은 관심을 갖지 않는다.

한국인터넷기업협회 자료에 의하면 국내 17대 인터넷 기업들의 역대 최고 시가 총합(66조 원)도 중국 BAT(Baidu, Alibaba, Tencent) 시가 총액 합(540조 원)의 1/8, 미국 GAFA(Google, Apple, Facebook, Amazon) 시가 총액 합(1,800조 원)의 1/28 수준이다.(3)

우리 기업들은 협소한 내수 시장 규모 때문에 독자적인 플랫폼을 형성해서 꾸리기에는 한계가 있다. 구글이나 애플이 깔아놓은 좌판(dominant platform)인 앱 스토어에서 고객을 끌어 모으고 고객의 다양한 데이터를 분석하여 고객 가치를 높이는 고객 경험 전략을 구사하는 것이 현재 우리가 할 수 있는 최선의 방법이다. 앞으로 우리 플랫폼 기업의 전략은 어떤 방향으로 나아가야 하나?

디지털 생태계를 위한 디지털 전환

IDC(2015)는 디지털 전환을 "기업이 새로운 비즈니스 모델, 제품 및 서비스를 창출하기 위해 디지털 역량을 활용함으로써 고객 및 시장(외부 생태계)의 파괴적인 변화에 적응하거나 이를 추진하는 지속적인 프로세스"로 정의하고 있다.

한국정보산업연합회에서 발행한 *IT Industry Megatrend* 에서는 "4차 산업혁명은 기술적 변화에 따른 경제, 산업, 사회, 정치의 '총체적 변화'에 초점을 두는 반면, 디지털 전환은 디지털 패러다임에 따른 기업의 경영 전략적 관점에서의 조직, 프로세스, 비즈니스 모델, 커뮤니케이션의 근본적 변화에 중점을 둔다"(4)라고 디지털 전환 배경을 설명하고 있다. 미국 기업들은 4차 산업혁명을 대비한 기업 전략을 일반적으로 디지털 전환이라고 표현한다.

전 세계 디지털 전환 기술 시장 규모는 2014~2019년 사이의 예측 기간 동안 복합 연평균 성장률(CAGR)이 16.8%이고 2019년에는 지출이 2.1조 달러 이상으로 성장할 것으로 예측하였다. 그리고 미국의 디지털 전환 기술에 대한 지출은 2019년에 거의 7,320억 달러에 이르는 유사한 궤적을 따를 것이다.(5)

경영 측면에서 보면 대부분 기업들은 이익 잠식에 따른 제조 원가의 하향 압박을 받고 있는 상황이다. 그리고 마른 수건도 짜야 할 판에 그 동안 추진했던 개선 활동 및 린경영(lean management) 기법도 한계에 도달했다. 더군다나 제품 수명 주기가 짧아지고 신제품 시장 출시를 앞당겨 시장을 확보해야 하

린경영: 'lean'(얇은, 마른)의 단어 뜻처럼 자재 구매부터 생산, 재고 관리, 판매의 과정에서 낭비 요소를 최소화하는 경영을 말한다. 도요타 자동차 생산 시스템(TPS)이 배경이 되었으며, 1996년 MIT 대학이 기업 실정에 맞게 재구성한 경영 기법이다.

는 것이 기업의 입장이다. 또한 소비자 개인 요구 조건을 만족하면서 규모의 경제를 영위할 수 있는 생산성을 유지하여야 한다. 이를 위해서는 기존의 비용 절감을 위한 경영 기법으로는 한계에 봉착하기 때문에 디지털화로 민첩성과 운영 효율화를 추구하여 매출을 확대해야 한다.

디지털 능력이 대량의 회사 데이터를 신속하게 교환할 뿐만 아니라 어떤 제한도 없이 중앙에 저장도 가능하여 빅 데이터가 형성되고 이를 분석하여 값진 통찰력을 갖게 된다. 이러한 의사 결정을 가치 사슬에 존재하는 채널들끼리 공유하고 협력할 수 있다. 이 새로운 가치 사슬이 내부 프로세스를 통합화, 자동화, 가속화하여 글로벌 수준에서 협력과 통합이 일어나 비즈니스 성과를 이룬다. 디지털 전환이 회사를 혁신적으로 성장하게 하고 외부 환경 변화에 민첩하게 대응할 수 있는 회사로 만든다.

디지털 시대에 기업의 성공은 전적으로 디지털 전환에 달려 있다. 파괴적 기술로 촉발된 디지털 혁명은 기업의 운영 효율을 향상시킬 뿐만 아니라, 물리적 공간과 가상 공간이 결합하여 부가가치를 실현한다. 새로운 사업을 할 기회를 주고 글로벌 시장에서 경쟁력을 유지시켜 준다. 예를 들면, 제품 개발 시 실물 공간에서 수행하기 전에 가상 공간에서 제품을 개발하고 기능 분석이 용이해진다. 구매에서도 실제 부품을 납품하기 전에 가상 공간에서 거래도 가능하다. 이것은 점차 가상 제조와 전체 공급망으로 확대된다.

디지털 전환은 굉장히 범위가 넓고 모든 산업에 영향을 미치는 특성을 가지고 있고, 오래된 아날로그 기업을 사라지게 할 수도 있다. 그렇기 때문에 전 제품 수명 주기에 맞추어 관리해야 하므로 세밀한 전략이 필요할 것이다.

플랫폼 비즈니스 모델은 파이프라인(pipeline or ownership) 모델보다 한계 비용이 낮으나 새로운 디지털 인프라와 플랫폼을 필요로 한다. 소프트웨어로 정의된 플랫폼과 서비스 플랫폼, 그리고 이들을 기반으로 한 온라인 마켓 플레이스와 앱 스토어를 관련 생태계와 함께 구축하면 글로벌 시장에서 성공적으로 경쟁할 수 있다.

플랫폼 기업에 대한 상대적인 개념으로 전통적인 기업을 파이프라인 기업이라 한다. 전통적인 기업은 자산 중심으로 부가가치가 파이프라인에서 물이 흐르는 것처럼 선형적으로 형성된다.

이미 플랫폼과 스마트 제품의 운영 데이터를 모두 통제하기 위한 치열한 글로벌 경쟁이 시작되고 있다. 그러나 특정 스마트 데이터 및 스마트 서비스 전문 기술을 보유한 회사가 현재 시장을 장악하고 있는 스마트 제품 제조업체는 소수에 불과하다.

디지털 전환의 구체적인 내용은 무엇인가?

IBM 글로벌 c-suite 연구 조사(6)에 의하면 그동안 운영 비용에 치중하던 기업들이 성장 및 혁신에 초점을 맞추기 시작하였다고 한다. 모든 것이 연결되어서 디지털 생태계로 형성되는데, 겉으로만 디지털 경제에 편승하지 말고 디지털 전환을 통해서 혁신적으로 비즈니스로 전환하여야 한다.

디지털 경제(digital economy) 시대에 생존하려면 기업은 2가지 비즈니스 요건인 실시간 경영(7)과 비즈니스 혁신을 갖추어야 한다.

첫째로, 연결하는 것도 중요하지만 연결로 실시간 경영(live management)을 해야 가치가 있다. 여러 소스에서 발생된 데이터를 실시간으로 분석하여 비즈니스 의사 결정에 이용해야 가능한 일들이다. 이것의 중심에는 기업의 백본 시스템, 즉 전사적 자원 관리 시스템(ERP)이 있어야 하고, 부서별(line of business)로 필요한 클라우드 플랫폼이 연결되어야 한다. 기존에 존재하는 백본 시스템의 통합을 강조하는 부분이다.

둘째로, 기업이 디지털 전환을 하기 위해서는 비즈니스 혁신 4가지 영역이 있다. 그것은 회사의 비즈니스 모델, 비즈니스 프로세스, 일하는 방식의 변화를 대상으로 한다.

① 고객 경험: 고객 중심으로 제품 및 서비스를 혁신하고 고객의 옴니채널 경험에서 여러 가지 접점을 통해 일관된 접근 방식이 제공되어야 한다. 그리고 최신 기술인 ICBM(IoT, cloud, big data, mobile), 챗봇(chatbot)을 최대한 활용한다.

② 스마트 공급망: 비즈니스 프로세스는 전 공급망을 최적화하고 재정, 비즈니스 계획이 서로 통합하려면 스마트 공급망이 필수적이다. 상, 하위 계획의 수직 통합뿐만 아니라 부서 간의 계획을 수평적으로 통합하는 데 다리 역할을 하는 통합 비즈니스 계획(integrated business planning: IBP)이 필요하다.

③ 스마트 공장: 모든 가치 사슬 프로세스에서 원활한 통합과 빠르고 간단한 시스템으로 프로세스를 자동화하고 생산성과 효율성 증대를 추구한다.

④ 플랫폼 비즈니스 모델: 플랫폼 비즈니스 모델을 구성하기 위해서 기업은 기존의 거래 파트너와 관계 강화뿐만 아니라, 새로운 사업 참여자들과 다양하고 혁신적인 협력을 통해서 사업 영역을 확장하는 신순환 생대계(ecosystem)를 디지털을 이용하여 수립해야 한다. 비즈니스 모델은 자산 중심의 성영에서 데이디를 기치 있는

경영 자산으로 인식하고 서비스나 결과 중심의 경영으로 변화하는 것이 필요하다.

아날로그 기업의 미래 비즈니스 모델

디지털 혁명은 융합 기술 발달로 야기되었고, 그 파괴력은 기업의 비즈니스 모델을 완전히 바꾸어 놓을 것이다. 그동안 사용했던 제조 방식 및 소비자 가치 창출 방식의 큰 변화가 예상된다. 디지털 시대에 적응하고 변화하는 방법은 무엇일까? 디지털 혁명 이전에 성공한 아날로그 기업은 새로운 시장에서 전통적인 시장을 공격하는 수많은 신생 기업으로 인해 사방에서 공격당하고 있는 것처럼 느낄 수 있다. 그러나 기쁜 소식은 기존 아날로그 기업이 실물 자산, 글로벌 유통, 역량, 강력한 브랜드, 고객 관계를 유지하고 있기 때문에 훨씬 경쟁력이 있다는 것이다. 또한 디지털 시대에도 기존 아날로그 기업은 변화가 가능하고 번성할 수 있다고 World Economic Forum 보고서는 주장한다.(8)

우리의 관심사는 신생 스타트업 기업이나 거대 인터넷 기업이 아닌 인터넷 시대 이전부터 기업을 해온 기존 아날로그 기업이다. 기존 기업은 내부 개선에만 치중하여 외부와의 협력에 친숙하지 못했다. 이제 운영 효율화도 내부적인 시각에서 벗어나 외부와의 협력 관계 구축에 전념할 때이다. 이 책에서는 기업의 경쟁력 확보를 위한 새로운 차원의 운영 효율화, 가치를 창출할 수 있는 비즈니스 모델, 그리고 디지털 전환을 위한 기초 확립 방법을 제시하려 한다.

디지털 전환에 성공한 선진 기업들의 사례(use cases)를 면밀히 분석해 보면, 디지털 전환 전략은 고객 경험, 스마트 공급망, 스마트 공장 등 내부 운영 방식과 혁신적인 비즈니스 모델로 형성되는 솔루션 생태계로 구성되어 있다. MIT의 CDB(The Center for Digital Business)와 Capgamini Consulting의 연구(9)에서도, 디지털 전환 혁신 영역을 동일시하고 있다. 그러나 대부분의 기업들은 내부 운영 효율화보다 고객 경험을 증대시키는 제품과 서비스를 결합하는 제품에 더 관심이 있다. 특별한 경우를 제외하고 기업의 디지털 전환 순서도 고객 경험, 스마트 공장, 스마트 공급망, 비즈니스 모델 혁신 순서이다. 우리는 이런 문제들 해결할 수 있는 완벽한 기술 솔루션이 없다는 것을 인식하고 기술 자체가 아닌 운영상의 문제 해결에 집중해야 한다.

개방형 플랫폼은 기업의 벽을 넘어 네트워크화가 빠르게 진행되면서 제3자가 제공하는 다양한 응용 소프트웨어가 개발되어 플랫폼이 생태계로 진화된다. 이런 플랫폼 경제에서 각 참여자들끼리의 구성 요소, 규칙들이 명확하게 정립되면 플랫폼 비즈니스 내에서 혁신이 일어나고, 상호 협력으로 속도뿐만 아니라 규모면에서도 성장하여 가치 창조로 진화한다. 이에 부문별 네트워크가 연결되어 글로벌 네트워크로 형성된다.

지멘스 Mind sphere: 지멘스의 오랜 경험을 바탕으로 개발된 개방형 IoT 운영 시스템이다. 다양한 종류의 기기와 엔터프라이즈 애플리케이션이 연결되어 고도화된 분석뿐만 아니라 지멘스의 개방형 PaaS(서비스 기반 플랫폼) 역량과 클라우드 접근을 활용하는 혁신적인 개발 환경을 제공한다.

선진국은 대기업 중심으로 컨소시엄을 형성해서 제조업의 디지털 전환에 대응하고 있다. 예를 들어, 독일 지멘스 Mind sphere, 미국 GE PREDIX, 영국 롤스 로이드가 앞서가고 있다.

본서의 총괄적인 그림 1.2에서 보는 것같이 미래 플랫폼 비즈니스 모델은 4영역으로 구성되어 있다. 첫 번째는 고객 경험 블록으로 고객 가치 실현을 통해서 외형 성장에 의미를 둔다. 두 번째 및 세 번째 영역은 스마트 공급망과 스마트 공장이다. 이 영역은 운영 측면에서 효율화를 추구하는 것으로서 네트워크에 연결된 모든 정보를 통합하여 분석하고 그 결과를 가치 체인상에서 공유하며 물리적 제조 자산과 통합한다. 그렇게 하려면 기존 비즈니스 모델의 재설계가 필요하다. 여기에서 제시되는 기업 미래 비즈니스 모델은 스마트 제품 생산뿐만 아니라 스마트 서비스 기능을 추가한 혁신 디지털 플랫폼 비즈니스 모델을 통해서 각 네트워크에 참여하는 기업의

그림 1.2 미래 플랫폼 비즈니스 모델

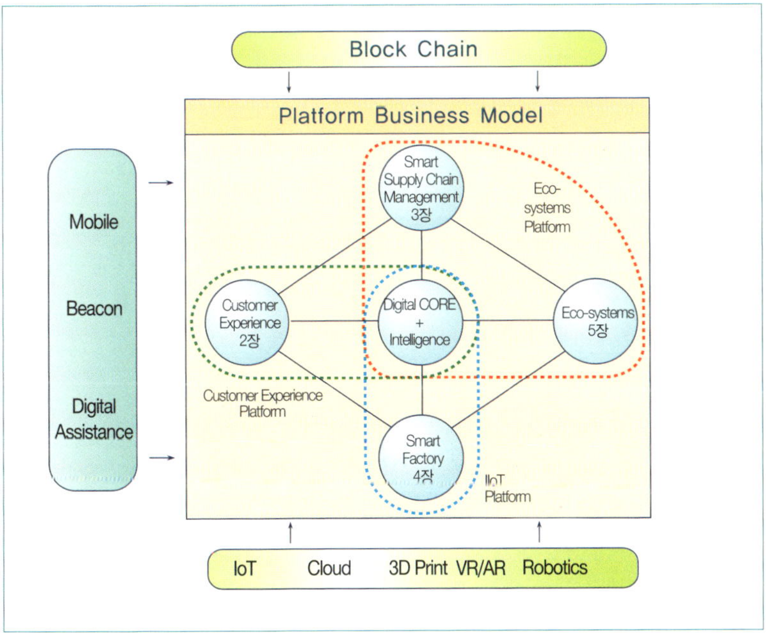

가치 실현을 높여 지속 가능성 성장에 의미를 둔다. 고객 경험 플랫폼, IIoT 플랫폼 및 생태계 플랫폼들이 결합된 '플랫폼을 위한 플랫폼'(platform for platform)이 될 것이다. 이것이 본서에서 제시하는 미래 플랫폼 비즈니스 모델이다.

참고문헌

1. Federal Ministry for Economic Affairs and Energy, "smart service welt," 2018(https://www.digitale-technologien.de/DT/Navigation/EN/Foerderprogramme/Smart_Service_Welt/smart_service_welt.html).
2. Markin, Sandy, Sinha, Amit, *SAP Integrated Business Planning Functionality and Implementation*, SAP Press, 2017. 3.
3. 한국인터넷기업협회, 『디지털 이코노미와 우리경제의 미래』, 2016. 8 (www.kinternet.org/cfile1/3583cd6e-5089-4a98-9751-04021fc3d672.pdf).
4. 정보산업연합회, 『IT산업 메가트렌드 디지털 트랜스포메이션을 향한 여정』, FKII Report, 2017(http://www.fkii.kr/2014/board/tot.read.php?SC_field=&SC_word=&BBS_GUBUN=9&page=2&BBS_IDX=12448).
5. Google Eyes Blazing(http://www.wired.com/2016/08/google-wireless-faster-route-home/).
6. IBM, 『디지털 대변혁: 완전히 새로운 미래의 재창조』, 기업가치연구소, 2011 (https://www-935.ibm.com/services/kr/ko/c-suite/1_Digital_Disruption.pdf).
7. SAP, "How The Digital Economy Is Reinventing The Business World," SAP, 2016. 4(https://www.digitalistmag.com/.../how-digital-economy-reinventin).
8. World Economic Forum, "Digital Transformation of Industries: In collaboration with Accenture Digital Enterprise," 2016. 1(http://reports.weforum.org/digital-transformation/wp-content/blogs.dir).
9. Michael Fitzgerald, Nina Kruschwitz, Didler Bonnet, and Michael welch, "Embracing Digital Technology, A New Strategic Imperative," *MIT Sloan Management Review*, 2013(http://www.capgemini-consulting.com/resource-fileaccess/resource/pdf/embracing_digital_technology_a_new_strategic_imperative.pdf).

Chapter

2 디지털 전환의 우선순위인 고객 경험

제2장

디지털 전환의 우선순위인 고객 경험

고객은 특별한 경험을 사고 싶어한다

고객들은 자신들의 꿈을 실현하고, 원하는 라이프스타일을 만끽할 수 있도록 해주는 경험을 찾고 있다. 그들은 자신들의 독특한 요구를 충족하기 위해 남들이 다 할 수 있는 것 이상을 제공해 줄 수 있는 공급자들을 찾고 있다.(1) 즉, 고객은 새로운 유형의 경험을 기대한다. 마찰이 없고, 상거래가 원활하고, 일관성이 있고, 기술은 보이지 않는 곳에 작동되어 가치 있는 서비스를 경험할 기회를 찾고 있다. 따라서 고객 경험을 창조하는 일은 점차 기업 성과를 결정 짓는 핵심적인 동인으로 인식되고 있다.

포브스(Forbes)에 따르면 "구매 결정의 70%는 고객 경험에 기반한다."(2) 또한 가트너(Gartner) 조사에 따르면 "기업의 89%

가 그들의 제품이나 브랜드보다 고객 경험으로 경쟁을 할 것으로 예상하고 있다"라고 고객 경험의 중요성을 언급하고 있다.

고객 경험 관리(customer experience management: CEM) 산업은 빠르게 성장하고 있으며 지속적으로 변화하고 있다. 글로벌 고객 경험 관리 시장은 2016~2021년 동안 연평균 복합 성장률(compound annual growth rate: CAGR)을 21.1%로 예상하고 있다.(3)

연평균 복합 성장률: 여러 해 동안의 성장률을 평균으로 환산한 것으로, 해당 지표의 증감 추이를 보다 정확히 표현하기 위해서 매년의 성장률을 산술평균이 아닌 기하평균으로 환산한다.

Dimension Data 발표 자료에 따르면, "비용, 수익, 이익 성과 지표보다 고객 경험 지표가 더 중요하다고 생각한다. 물론 이것은 회사 이사진도 동일하게 생각하고 있다"고 하는 등 다수의 리서치 기관에서 최근에 이슈가 되는 고객 경험에 관심이 높다.

치열한 비즈니스 환경에서는 기업이 프로세스를 자동화하고 효율성을 높이는 것만으로는 충분하지 않다. 경쟁 업체보다 차별화되어야 한다. 고객은 비즈니스에 보다 개인적이고 서비스 지향적인 접근 방식을 요구하고 있으며 그 수준도 높아지고 있다. 이러한 요구를 충족시키고 경쟁 우위를 유지하려면 기업은 예전 고객의 주문이나 판매와 같은 일련의 실행 중심에서 벗어나 상호간 가치를 증진할 수 있는 방법으로 전환해야 한다. 이것은 경험을 최우선으로 생각하는 것을 의미한다.

이전의 경영학에서 고객 경험에 대한 연구와 성과가 지금까지 계속 진행되어 왔음에도 불구하고 최고 경영자가 집중적인 관심을 덜 가진 이유는 그전의 고객 관계 경영(customer relationship management: CRM)과 큰 차이가 없다는 것과 비즈니스 사례로 등장하는 것들이 만족할 만한 결과를 가져오지 못했던 것에서 기인된다.

고객 관계 경영: 고객과의 관계를 효율 및 효과적으로 관리하고자 하는 행위 혹은 활동. 즉, 기업의 다양한 자원과 역량을 활용하여 고객과의 관계를 획득, 유지, 강화하고자 하는 기업의 경영 전략.

최근의 고객 경험이 디지털과 결합함으로써 얻어지는 효과는 상당하다. 고객 경험 관리를 성공적으로 이루어 낸 스타벅스와 버버리의 사례를 살펴보자. 두 회사는 고객 경험 관리를 구축했지만, 디지털 전환의 범위와 향후 고객 경험의 확장성에는 차이가 있다.

버버리의 옴니채널 구축 특색 중 하나는, 경쟁 회사는 실제 상점에서 느끼는 경험을 온라인에서 제공하는 데 신경을 쓰는 반면, 버버리는 온라인에서 경험할 수 있는 모든 기능을 실제 상점에서 제공함으로써 차별화 전략을 구현하는 것이다.

USE CASE 1(4) 스타벅스 입장권을 사라?

휴식할 수 있는 공간에 핵심 가치를 두고 커피보다는 입장권을 판매.

전략: 매장 내 고객 경험을 강화하는 '보상'(reward), '개인화'(personalization), '결제'(payment), '주문'(ordering)의 디지털 플라이휠(digital flywheel)을 주축으로 디지털 전환을 추진(그림 2.1 참조)

주요 기술: POS, ERP 회계, 영업, 클라우드, 인공 지능, 음성 인식 비서

성과: 스타벅스 충전 카드 적립금 총액은 12억 달러(1조 4,130억 원), 전체 매출의 25%(10억 3,000만 달러)가 모바일 앱 이용, 모바일 결제 고객 250만 명, 리워드 프로그램 회원 1,200만 확보

그림 2.1 스타벅스 디지털 플라이휠

보상

일상생활 속에서 경험하는 다양한 보상 프로그램

개인화

구매 이력 관리를 통한 고객 개인별 맞춤형 주문 서비스 제공

결제

모바일 앱에서 쉽고, 편리하게 사용할 수 있는 모바일 결제

주문

가장 빠르고 가장 편리한 주문 방식

USE CASE 2(4) 버버리: 제2의 자라(ZARA)

쓰러져 간 버버리를 살린 'Fully Digital Burberry'(그림 2.2 참조)

디지털과 고객 경험을 접목해 생산, 조직, 프로세스, 마케팅, 커뮤니케이션 등 경영 전반에 걸쳐 변혁을 일으키는 'Fully Digital BURBERRY'

전략: 밀레니엄 세대를 타깃한 프리미엄 브랜드

주요 기술: 소셜 미디어, 디지털 기술, SAP ERP, HANA 실시간 애널리틱스

성과: 2009년 적자에서 흑자로 전환, 주가 165% 상승, 2006년 매출액 대비 2015년 340% 증가, 개인 맞춤형 서비스, 옴니채널(omni channel) 통합, 고객 디자인 참여, 제품 출시 방법 혁신, 런웨이 서비스

그림 2.2 Fully Digital Burberry

런웨이 서비스: 패션쇼에 선보인 제품을 7주 만에 고객에게 제공하는 서비스.

왜 ERP 지원이 중요한가?

스타벅스의 사례는 전 공급망의 디지털 전환이라기보다는 주로 고객과의 상호 작용을 유발시키는 고객 접점 영역을 디지털화함으로써 얻은 성과이다. 버버리 사례와 비교할 때 디지털 투자 영역에서 많은 차이가 난다. 버버리 사례는 의류업체로서 전 공급망을 관리하는 것이 쉬운 일은 아니나, 후방위 시스템의 대대적인 구축 지원을 받아 전방위 시스템이 작동되기 때문에 다양한 고객 경험을 제공할 수 있다. 반면 스타벅스는 디지털 전환에 후방위 기능을 포함하지 않았기 때문에 향후 고객 경험의 다양성 측면에서 버버리와 비교가 된다.

평화로운 광경을 생각할 때 우선 떠오르는 것이 잔잔한 호수에 백조가 유유히 노는 것을 연상한다. 물 위에 있는 백조의 평화로움은 수면 밑의 수많은 발짓기가 없으면 불가능한 일이다. 고객 경험을 제공할 수 있다는 것은 후방위 엔진들이 분주히 작동해야 함을 의미한다. 버버리의 성공 사례는 후방위 엔진 및 데이터의 실시간 분석이 가능했기 때문에 일어난 결과이다. 고객에게 좋은 경험을 제공하기 위해서는 우선 고객의 행동과 요구 사항을 이해하는 것에서부터 시작한다. 그리고 후방위 ERP와의 통합은 전체적인 고객 수요 관점에서 회사의 생산 공급 능력을 고려하여 전체 공급망에서 조정 및 대응할 수 있다. 고객이 주문한 제품의 납기를 약속하는 납기 확약(avaliable to promise: ATP)의 초기 버전도 ERP의 기능인 생산 주 일정 계획(master production scheduling)과 연동되었듯이 고객 경험은 전방위의 기능만으로는 충족될 수 없다. 생산 기능과 공급망 기능의 중요함을 새삼 강조하는 부분이다.

납기 확약: 공급망 관리(supply chain management: SCM)에서 관리하는 중요 지표 중 하나인 납기 확약, 즉 고객이 원하는 제품, 서비스를 언제 얼마만큼 납품해 줄 수 있는지 약속하는 것.
① ATP(available-to-promise): 현재 보유하고 있는 설비나 생산 능력, 재고 등을 감안해서 제안하는 납기.
② CTP(capable-to promise): 고객이 원하는 시점에 맞추어 원자재 및 생산 능력을 추가적으로 검토하여 납품해 줄 수 있는 시기와 양을 제안하는 납기.

고객 경험의 끝은 어디인가?

Dimention data 발표에 따르면 향후 고객 경험의 동향과 발전 방향을 다음과 같이 예측하고 있다.(5)

- 선두 주자와 후발 주자 간의 격차가 확대된다. 후발 주자는 고객 상호 작용의 개념도조차 못 그리지만 선두 주자는 명확한 종단 간 고객 여정을 이해하고 중요성을 인식한다. 이 때문에 비용과 성장의 격차가 40~50배 정도가 될 것이다.
- 옴니채널 경험을 마스터하는 데 아직도 어려움이 존재한다.
- IOT 영향으로 선제적이고 능동적인 고객 경험 제공에

집중할 것이다. 2025년까지 IOT + 고객 관계 관리로 경제적 가치가 11조 달러 창출되고 2018년까지 분석 투자의 60%가 고객 여정 분석에 소비될 것이다.

- 챗봇이 여러분의 파트너가 된다. 셀프서비스 고객 경험 채널에 서비스를 제공하고 2020년까지 인간 개입 없이 85%의 일을 처리한다. 또한 인공 지능에 대한 투자가 3배로 증가하고 상호 작용의 50%는 실시간으로 일어난다.
- 무선 비콘 기술 사용으로 위치 기반 모바일 고객 커뮤니케이션은 경쟁 우위를 주도한다. 실제 매장에 있는 동안 소비자의 90%가 스마트폰과 상담한다.

어도비(Adobe)도 향후 차별화된 고객 경험을 전달하는 핵심 영역이 모바일을 넘어 사물 인터넷(IoT), 증강 현실(AR) 및 가상 현실(VR)로 확대될 것이라 예측했다.(6) 회사는 고객의 기대치에 부응하기 위해 새로운 차원의 고객 경험을 높여야 한다.

오늘날 비즈니스에서 클라우드는 운영 효율성을 증가시킨다. 뿐만 아니라, 디지털로 진화하고 참여자들끼리 협업을 지원하는 데 상당한 역할을 한다. 디지털 전환은 비즈니스를 변화시켰다. 이제 상호 연결된 시스템, 사람 및 장치의 생태계가 데이터를 생성하고 소비한다. 이러한 생태계는 조직에 통합된 지식, 데이터 중심 사고방식 및 IT를 부여한다. 또한 디지털 변환은 가장 지적인 결정을 내릴 수 있는 새로운 분석 기능을 제공한다. 그리고 역동적이고 뛰어난 고객 여정(customer journey)을 지원하기 위한 프로세스인 사용자 정의 기능도 생존에 필수적이다.(7)

고객 여정 지도(customer journey map): 고객에 대한 이해를 도와주는 가장 좋은 툴 중 하나로 고객이 제품/서비스를 사용할 때 경험하게 되는 요소들을 고객 경험에 따라 순차적으로 나열하여 만드는 시각적인 도구이며, 기업이 고객의 입장이 되어, 고객이 해당 기업과 어떤 상호 작용을 하는지 그리는 것이다. 고객 여정 지도는 고객 경험과 관련된 전략을 마련하기 위해 적합한 분석 도구이다.

고객의 특성과 기업의 도전 과제

새로운 세대의 구매자인 디지털 고객이 변화를 주도하고 있다. MIT 보고서는 "기술에 정통하고 연결된 소비자가 사회의 모든 면에서 부상함으로써 비즈니스에 관계없이 소비자가 기업에 기대하는 수준을 변화시킨다"라고 주장했다.(8) 이 새로운 고객은 누구인가? 1980~2000년 사이에 태어난 밀레니엄 세대는 현존하는 가장 영향력 있는 세대이다. 이 세대는 세계 경제에서 가장 큰 노동력이 되었으며, 밀레니엄 세대는 곧 소비력 측면에서 베이비 붐 세대를 약화시킬 것이다.

2020년까지 세계 인구는 77억 명으로 증가할 것이다. 지구상에 있는 모든 사람들은 한 가지 공통점을 갖게 되는데, 그들은 모두 디지털 소비자가 될 것이다. 소비자들은 점점 더 도시적, 국소적이면서 항상 깨어(always on) 있으며, 주변 세계와 실시간으로 연결되어 있다. 효율성과 규모에 대한 수십 년간의 프로세스 개선에도 불구하고 복잡성과 비용은 계속 증가한다. 재고 관리 단위(stock keeping unit: SKU) 확대, 제품 라이프사이클 단축 및 채널 확대와 같은 개인화는 서비스 제공에 어려움이 있고 재고 비용을 증가시킨다.(9)

재고 관리 단위: 재고 관리를 위한 상품 분류로 일반적으로 창고에서 사용되는 재고 보관 단위이다. 개별적인 상품에 대한 재고 관리를 목적으로 한다.

기존의 광고, 브랜드 갈 길을 잃다

웹(web)에 컴퓨터가 중심이었던 정보화 시대에서는 우리 모두의 손에 마우스가 쥐어졌다. 2007년 애플이 스마트폰을 개발한 이후 우리는 모두 손에 스마트폰을 들고 있다. 시니어도 컴퓨터를 운영하는 것보다 사용자 인터페이스가 좋은 스마트폰을 선호한다. 웬만하면 컴퓨터를 켜지 않고 모든 거래를 스마트폰에서 해결하려 한다. 고객은 스마트폰으로 물건을 구매할 때 3~4번 이상 터치하면 거래를 꺼려 한다. 소비자는 업계의 전통적인 커뮤니케이션 플랫폼(TV, 라디오, 인쇄물)에 대한 참여도가 적고 온라인 소셜 네트워크에 더 많이 의존한다. 2012년 구글(Google)의 광고 수입은 이미 미국 전체 잡지와 신문 수입보다 높다. 이렇듯 고객은 언제, 어디에서나 손안에 있는 디바이스나 웹을 통해서 접근이 가능하다. 그들은 소셜 미디어, 전화, 채팅, 전자 메일 등과 같은 다양한 채널로 자신의 경험과 불만 사항을 표현함으로써 브랜드의 이미지를 만들거나 깨뜨릴 수 있다. 의견 전달도 용이해졌을 뿐만 아니라 도달 범위도 점점 증가되는 상황이다. 소위 입소문 마케팅(word of mouth marketing)을 무시할 수 없다. 예전에는 주로 브랜드 가치에만 의존해 왔던 가격, 일방적인 소통은 통하기 어렵다. 이제 제품이나 서비스를 잠재적 고객의 의식에 밀어넣는(push) 것은 고전적인 기술이다. 플랫폼 마케팅에서 가장 효과적이고 중요한 전략은 밀어넣기(push)보다 끌어당기기(pull) 전략이다.(10) 제품 가격의 경우도 QR 코드 앱을 사용하면 가격 및 품평 정보도 볼 수 있다. 그리고 고객들은 거래 전반에 걸쳐 더 많은 투명성을 기대한다. 가격 투명성이 증가하면 한 방향 소통인 브랜드는 설 자리가 없다. 브랜드는 정보 독점과 양방향 의사소통 및 대화로의 전환에 직면해 있다. 심각한 고민이다.

눈앞에 보이는 고객 경험의 당면 과제

고객 경험 시대의 기업이 직면한 과제는 옴니채널, 성과 중심 경제, 협업 네트워크로 요약될 수 있다.

옴니채널

소셜 미디어나 온라인 쇼핑의 시작이 고객 경험 관리의 핵심 동력이 되었다. 이런 요구는 기업이 플랫폼에서 다양한 서비스를 제공함과 동시에 모든 정보가 결집된 통합 컨택트 센터(integrated contact center) 없이는 관리가 불가능한 일이다. 예전에는 고객 프로필이 여러 시스템에 분산되어 관리되었으나, 이제는 프로세스 통합으로 고객에 대한 360도 관점(view) 구현도 가능하며 한 곳에서 고객 데이터를 일괄적으로 볼 수 있다. 고객 경험 관리와 후방위 시스템 간의 통합을 지원하여 하나의 플랫폼에서 운영됨으로써 고객 통찰력을 제공한다. 포화된 시장에서의 목표 달성을 위하여 오프라인과 온라인 사이의 경계가 흐려지기 시작한 지 20년이 지났다.(11) 이미 옴니채널 경험이 가능하도록 매장 내에서 재고 파악이 되고, 즉납(instant fulfillment) 체계를 갖추고 있다. 아마존 및 월마트와 같은 소매업 종사자는 당일 배송 및 픽업에 투자했다. 우버(Uber)와 리프트(Lyft)와 같은 운송 공유 기업은 공유 경제를 실현하기 위한 생태계 구축에 중추적인 역할을 수행 중에 있다. 그러나 대부분의 기업들은 아직도 옴니채널을 운영하는 데 어려움을 겪고 있다.

이제는 고객 성과 중심 경제이다

과거 조직은 적시에 제품이나 서비스를 잘 이행함으로써 고객 만족을 달성하는 것을 지상 과제로 생각하였으나, 오늘날에는 이것만으로는 충분하지 않다. 고객의 요구 사항 및 문제를 해결하고 경험을 제공하여 고객을 기쁘게 해야 한다. 이렇게 구입 과정에서 고객 경험을 관리하는 것이 중요해졌다. 고객 경험은 만족에서 필수로 진화되었다. 이것은 개별화, 온라인 사용의 투명성, 접근 용이, 빠른 속도를 요구한다. 이것이 경험 경제 시대라 말할 수 있다. 이 과정에서 가장 중요한 것은 고객이 가장 궁금해하는 요구 결과이다. 이러한 상황에서 수익성 있는 성장은 점진적으로 개선하는 것을 넘어서 제품에서 결과로 전환함으로써 근본적으로 다르게 수행해야 한다. 기업이 고려해야 할 차별화 전략으로 공유 경제, 디지털 경제, 고객 경험 경제 등 무수히 많은 경제가 있지만 고객과 관련해서 다음 물결은 성과 중심 경제(output based economy)가 될 것이다.(12) 그것은 결과를 약속하는 고객 요구를 충족하면서 내부로는 수익성을 향상시키고 총소유 비용(total cost of ownership: TCO)을 절감하고 판매도 늘려야 한다. 이게 쉬운 일인가?

총소유 비용: 구매 당시의 장비 가격뿐만 아니라 장비가 수명을 다할 때까지 일정 품질을 유지하는 데 들어가는, 실제로 지출되는 제반 총비용(교육 훈련, 유지 보수 등 포함)을 감안하여 산출되는 비용.

고객 중심 협업 네트워크

소비자 행동, 비즈니스 혁신, 인구 통계 및 경제의 급격한 변화로 인해 가치 사슬은 전통적인 선형 가치 사슬에서 더 협업적인 가치 네트워크로의 전환을 요구한다. 소비자에게 권한을 부여하고 소비자와 함께 공급 업체, 파트너 및 직원과의 대규모 공동 작업도 요구된다.

가치 네트워크는 비선형적이다. 우리는 협업에 보다 개방된 문화를 채택하고 기술에는 모듈식 접근 방식을 채택하여 새로운 비즈니스 프로세스를 구축해야 한다. 장기적인 성장을 달성하는 데 도움이 되는 협업 네트워크의 중심에 소비자를 배치하는 것이다.(13)

많은 기업들이 이미 기존 고객과 거래 관계에서 상호 작용 관계로 이동함으로써 디지털의 도전에 대한 종단 간 대응책을 개발하고 있다. 출발점은 기술만이 아니고 디지털 전환이 비즈니스에 미치는 의미에 대한 큰 그림을 바탕으로 사업 및 운영 모델을 재고해야 한다.

C 레벨 리더: 회사의 최고 경영진 또는 최고위직의 기업 직책. CEO(최고 경영자), CTO(최고 기술 책임자), CFO(최고 재무 책임자), CIO(최고 정보 책임자), COO(최고 운영 책임자), CMO(최고 마케팅 책임자) 등을 말한다.

새로운 기술이 제공하는 가능성을 활용하도록 조직을 변화시키는 이러한 전략은 마케팅 부서를 훨씬 넘어서야 한다. 고객, 공급 업체, 직원 및 투자자와 지속적인 관계를 유지해야 한다. 또한 C 레벨 리더십에 관한 것이어야 하며 비즈니스/운

영 모델을 통한 혁신과 차별화에 관한 것이어야 한다.(13)

아날로그 기업이 디지털 원주민을 상대로 성공하기 위해서는 사업의 모든 측면을 재평가하고 개조해야 한다. 지금은 디지털 혁명의 초기 시대일지도 모르지만 디지털 경제의 미래에 대비해야 한다.

이미 눈앞에 온 혁신 무기들

1990년도 웹은 상거래에서 고객에게 상당한 수준의 편리성을 주었으나 실물 상점을 온라인 상점으로 전환하는 역할을 주로 하였다. 반대로 디지털에서 물리 채널의 전환은 불가능하여 완전한 온-오프(on-off) 일치라고는 할 수 없다. 즉, 옴니채널의 서비스 제공이 불가능했다. 그런데 지금은 어떤가? 소매업체의 경우 온라인 상점과 실제 상점의 경계가 사라지고 옴니채널 경험을 제공한다. 실제 상점에서 온라인 채널의 강점인 가격 비교, 제품 리뷰 등을 제공할 뿐만 아니라, 온라인 채널이 제공하지 못하는 독특한 매장 내 경험인 시연, 데모 및 매장 내 픽업 등이 가능하다. 상점을 둘러보는 것과 웹, 앱에서 서핑하는 것의 차이가 없다.

CISCO 보고서(14)에 따르면 미국 소매업 총매출의 3.5조 달러 중 85%가 디지털 소매점(Amazon, Warby Parker, Bonobos)에서 발생되었다. 과거 명성이 있던 기존 소매점(Walmart, Target, Walgreens)은 2017년까지 8,600개 매장이 없어졌다고 한다. 최근 추세는 디지털 소매점은 실제 매장을 열고 기존 소매점은 온라인 판매에 치중하고 있다. 예를 들어, 월마트가 온라인 업체인 jet.com을 인수한 것은 온라인 상점의 중요성과 긴급성을 모두 입증하는 것이다. 이렇듯 디지털 소매점과 기존 소매점 모두가 옴니채널 경험을 통해서 상호 보완적인 역할을 하고 있다. 이제 소매점은 옴니채널 실현이 가능한 스마트 스토어(smart store)로 변신한다.

혁신적인 기술은 그 자체 기술도 중요하지만 융합되었을 때 그 진가가 발휘된다. 이런 기술은 주로 현실 세계와 가상 세계를 결합하는 역할을 하는 것이 특징이다. 기업들은 채널을 하나로 통합하고 일관된 참여 모델을 제공하기 위한 새로운 기술을 이용했다. 예를 들면, 비콘 기술을 이용한 위치 기반 서비스는 사람이나 물체의 물리적 위치를 디지털 방식으로 식별하는 것이다. 실제 물리적 위치를 기반으로 광고 쿠폰을 고객에게 제공하기 위해 사용된다. 증강 현실은 사용자의 주변 현실 세계에 대한 정보를 디지털 화면을 통해 보여 주고 상호 작용한다. QR 코딩도 한 예가 될 수 있다. 이들 결합은 고객들에게 가치 있는 경험을 전반적으로 제공한다.

고객 경험에 디지털 혁신 기술을 더하다

사물 인터넷(IoT)

센서, 프로세서 및 메모리의 범용화로 인해 이제는 일상적인 작업을 지능적으로 연결하는 것이 가능해졌다. 업계 전반에 걸쳐 IoT는 기업들이 단순히 스마트 제품과 서비스를 판매하는 것 이상의 의미를 지니고 있다.

SAP의 데이비드 뉴먼(David Newman)은(15) "IoT는 원시 데이터의 수집과 해석을 보다 효과적으로 만들었지만 수집된 데이터의 연관성에 따라 생성되는 통찰력의 질이 달라진다. 즉, 보다 정확한 통찰력을 얻으려면 센서 또는 종단점을 보다 지능적으로 파악해야 한다" 라고 한다.

IoT 성숙과 인텔리전스의 융합은 가치를 창출하고 보다 강력한 고객 관계를 구축할 수 있는 전례 없는 기회를 제공한다. 이것은 개방형 플랫폼 생태계에서 원활하게 조율되어야 하며, IOT 기술보다는 전략에 더 비중을 두어야 한다.

가상 및 증강 현실

가상 현실(virtual reality: VR) 및 증강 현실(augmented reality: AR) 기술은 물리적 세계를 디지털 세계와 연결함으로써 매력적인 경험을 창출한다. 이 모든 것이 상점과 같은 분위기이다. 구글, 마이크로소프트, 페이스북은 메인 스트림 애플리케이션에서 가상 및 증강 현실을 가능하게 하는 소프트웨어 개발 키트(software develope kit: SDK)를 공유할 계획이다.

블록체인

블록체인은 분산 방식의 데이터베이스 구조를 채택하고 있으며, 중계자 없이 블록체인 사용자들 간의 1:1 전송이 가능하다. 또한 다른 시스템보다 안정적이고 투명한 실행을 보장할 수 있다는 장점을 가지고 있어 많은 관심을 받고 있으며, 금융, 전자 상거래, 인증 등과 같은 기존 비즈니스 모델을 대체할 요소로 평가 받고 있다.

마이크로소프트(Microsoft)는 자사의 퍼블릭 클라우드인 Azure 플랫폼에 블록체인을 적용하여 블록체인 비즈니스 모델과 마켓 플레이스 Azure 블록체인 미들웨어를 개발하였다.

비콘

비콘(Beacon)은 저전력 블루투스(BLE)를 통한 차세대 스마트폰 근거리 기술이다. 비콘은 O2O 마케팅에서 가장 많이 사용되며, 비콘 이용자가 백화점으로 들어오는 순간, 추천 상품 및 할인 혜택을 실시간으로 스마트폰으로 전송하여 제시하는 방식이다. 스타벅스는 사이렌 오더(siren order)를 개발하여 스마트폰에 스타벅스 애플리케이션을 켠 후 가까운 곳에 위치하고 있는 매장으로 들어가서 몇 번의 클릭만으로 원하는 음료수를 주문할 수 있게 하였다. 이로 인해 고객들은 간편하게 주문을 할 수 있었으며, 매장에서 주문으로 인해 소비하는 시간 또한 단축할 수 있었다.

클라우드 우선

최근 클라우드에 관심이 집중되고 있다. 선두주자인 아마존이나 그동안 데이터베이스 또는 응용 소프트웨어를 주 아이템으로 하던 오라클도 클라우드 사업에 전력 질주하는 모습을 볼 수 있다. 가트너는 2020년까지 클라우드 시장이 1,000조 원에 이를 것이라 예측했다. 클라우드가 고객 경험과 결합할 때는 상당한 시너지 효과를 볼 수 있다. 클라우드와 고객 경험이 연결된 생태계에서는 모든 데이터 및 장치를 통해 리드 마케팅이나 고객의 구매 행동, 선호도, 선택, 지출 패턴, 선호 검색 엔진 및 블로그 등을 면밀히 모니터링하여 고객에 대한 목표 마케팅 및 판매 촉진을 할 수 있다.

마이크로서비스

응용 프로그램을 블록으로 개발하면 관리가 용이한 작은 응용 프로그램을 보다 신속하게 업그레이드할 수 있다. 그것은 각 블록에 대해 다른 언어와 기술을 자유롭게 선택하고 동일한 용도로 다시 사용할 수 있게 만든다. 고객 경험 소프트웨어는 서비스당 또는 모듈 단위로 배포할 수 있으므로 출시 시간을 단축하고 프로젝트 비용을 절감할 수 있다. 따라서 중소기업에서도 고객 경험 채택이 증가할 것으로 예상된다. 보다 현실적인 목표에 따라 비즈니스 및 IT 전략을 조정하고, 필요에 따라 강력한 고객 경험 인프라를 구축할 수 있다.

고객 경험의 셀프서비스 전쟁

"최고의 고객 서비스는 서비스를 하지 않는 것이다"(16) (The best service is no service). 10년 전의 고객 서비스 자동화 조언은 아직 해결되지 못하고 있다. 최근 고객 상호 작용의 자동화가 관심의 대상이 되고 있다. 이것은 놀라운 일이 아닌 것 같다. 주로 이들 기업은 인간이 고객과 상호 작용을 하는 것처럼 전체 디지털 채널 및 디바이스를 통해서 솔루션을 제공할 수 있는 플랫폼을 런칭하려 한다. 사용되는 기술은 대체로 인공지능, 챗봇, 디지털 비서(digital assistance)이다. 이렇게 하는 주요 이유는 고객이 고객 경험을 중요하게 생각하고 있고 디지털을 선호하기 때문이다.

디지털 비서는 고객과 상호 작용하는 새로운 방식이다. 고객이 채널을 선택하여 의사 소통 방법을 선택할 때 그들은 어디서나 보다 효율적인 실시간 커뮤니케이션을 요구하고 있다. 이에 대응하여 기업은 끊임없는 서비스를 제공하고 경험을 손상시키지 않는 고급 자동화 기능으로 셀프 서비스 솔루션에 빠르게 투자하고 있다.

처음에는 디지털 비서가 검색 및 검색 관련 경험에서 보편화될 수 있다. 그러나 기계 학습, 생체 인식, 인공 지능 및 로봇 프로세스 자동화와 같은 혁신적이고 파괴적인 기술 향상으로 지불 처리, 실시간 지원 획득 또는 복잡한 쿼리(query)에 응답하는 광범위한 데이터를 통한 마이닝과 같은 상호 작용으로 더 발전한다.

한편, 자동 지능형 상호 작용은 대화식 요소를 추가하여 기존 디지털 채널을 확장한다. 인지 능력을 갖춘 지능형 소프트웨어 프로세스를 개발하여 반복적인 단순 작업에서 복잡한 작업을 수행하는 것이다. 인공 지능 기반의 지능형 고객 경험(intelligent customer experience management: ICXM)은 스스로 결정을 내리는 가장 기본적인 채팅 봇 모델이다. 예를 들어, 애플의 시리(Siri)는 아이폰(iPhone)을 핸즈프리로 사용할 수 있게 해준다. 기업의 80%가 2020년까지 챗봇을 원한다. 아마존의 알렉사(Alexa)는 미국에서 3년 만에 5%의 가정 보급률을 달성하였다. 가트너(17)는 2020년까지 평균적인 사람은 배우자보다 봇과 대화를 더 나눌 것이라 예상한다. 이 기술은 계속 발전하고 있다. 그러나 고객 경험의 셀프 서비스 전쟁은 이제 막 시작되었다. 비디오 분석, 4-D 프린팅, 제스처 컨트롤, 개인 기반 상호 작용 및 모션 인식과 같은 진정한 차세대 기술이 산업 전반에 걸쳐 부상하면서 변화의 시작을 알리고 있다.(18)

컨택트 센터는 더 이상 판매 후 서비스 기능이 아니다. 그들은 일관된 고객 경험을 제공하는 조직의 핵심 역량이다. 디지털 기술이 컨택트 센터를 혁신적이고 개인화된 솔루션으로 더욱 확대할 것으로 예측된다. 컨택트 센터를 유연하게 운영하는 기업이 고객 경험의 주인으로 부상할 것이다.

고객 경험 설계 원칙

고객이 중심이다

고객 중심으로 고객 경험을 구축한다는 것은 고객을 명확하게 이해하는 것으로 시작된다. 우리는 고객의 시대에 살고 있으므로 모든 것을 고객 공감으로부터 시작해야 한다. 고객이 디자인 프로세스에 참여하는 경우에만 경험이 고객 중심이 될 수 있다. 이와 같이 고객의 충족되지 않은 요구 사항이나 해결되지 않은 문제점을 파악하는 데 중점을 두는 것이 혁신의 출발점이다.

고객 중심 접근 방식은 아래와 같다.(19)

- 고객을 전략의 중심에 두기
- 고객 여정 파악
- 데이터의 중요성을 인식하고 고객을 알기 위해 데이터를 수집
- 고객을 아는 것으로부터 개인화가 이루어진다.
- 디자인 사고는 고객의 요구 사항을 보다 잘 충족시키는 데 사용

- 시장 변화 모니터링이 중요

제품에 대한 고객 중심 접근 방법을 이용하여 기업의 비즈니스 모델을 변화시키고 전반적인 고객 인지도를 높여 고객 이탈을 감소시킬 수 있다.

무형 자산, 디지털에 집중하라

소셜 미디어나 인터넷이 시작되기 전에 비즈니스는 주로 '장소' 라는 물리적 세계에서 운영되었다. 그것은 유형의 제품 기반이었고 고객 거래를 지향하는 세계였다. 거래로 인한 비용이 증가되어 원활한 상호 작용이 일어나는 데 한계가 있었다. 지금은 빠른 속도로 움직이는 많은 산업 분야가 디지털 환경인 '공간' 으로 이동하고 있다. 그런데 물리적인 자산을 사용하는 것과는 다르게 무형 자산은 사용과 함께 줄어들지 않는다. 또 서비스 지향적이며 고객 경험을 지향한다.

오션 토모(Ocean Tomo)에 따르면 1975년부터 40년 동안 S&P 500 기업의 시장 가치 중 83%가 유형 자산으로 구성되었다고 한다. 그 당시 경영자들은 공장, 재고 및 생산에 집중했다. 그러나 2015년에는 그 비율이 완전히 뒤바뀌었다. 2015년에 그들

은 시장 가치의 84%가 무형 자산으로 구성되어 있음을 발견했다.(4)

카톡과 같은 소셜 네트워크에서는 대화방을 만들고 정보를 교환하는 데 비용이 들지 않는다. 연결 비용이 전혀 들지 않으면서 서로의 영향력이나 신뢰를 쌓는다. 무형 자산은 사람을 기반으로 한 인력 서비스, 관계, 접근이다. 이렇게 무형 자산이 증가하면 이것에 걸맞게 조직 경영과 자산 배분 전략도 달라져야 한다.

우리는 지적 자산, 관계와 같은 무형 자산 확신을 위해 디지털 기술을 최대한 이용해야 한다. 플랫폼 비즈니스를 운영하는 기업은 물리적인 세계를 똑같이 디지털 세계로 옮겨 놓고 시작한다. 그렇지 못한 기업은 물리적 자산에 얽혀 있는 프로세스, 조직 및 전략에 집착한다. 비즈니스가 장소에서 공간으로 달라진 만큼 기업은 디지털 비즈니스 모델을 강화해야 한다.

모든 고객의 상호 작용은 경험을 향상시키거나 저하시킬 수 있는 기회이다. 수작업이나 지루한 작업을 자동화하거나 완화하여 미래의 기술이 어떻게 경험을 향상시킬 수 있는지 염두에 두어야 한다.

오늘날 첨단 분석 플랫폼, 클라우드 프로세싱, 기계 학습,

예측 기능 및 풍부한 데이터로 인해 조직은 예측 분석을 수용하여 진정한 개인화를 생성하고 새로운 비즈니스 기회를 찾을 수 있다. 센서, 봇, 가상 현실, 인공 지능, 사물 인터넷 및 드론과 같은 신기술은 고객 경험을 조정하고 관심을 유도하며 새로운 데이터와 통찰력을 수집할 수 있는 방법을 제시한다. 플랫폼은 구성 요소끼리 상호 작용을 촉진하고 내, 외부 혁신을 할 수 있는 공간을 제공하면서 새로운 가치와 급속한 성장을 이룬다.

고객 여정 지도를 작성하자

고객 여정을 아는 것이 중요하다. 이것은 조직을 바꿀 만한 또 하나의 방법이다. 고객 여정은 비즈니스 전략 구성 시 우선적으로 고려되어야 한다. 조직은 고객과 조직의 각 부문 간에 접점을 보여 주는 고객 맵을 상세히 작성하여야 한다. 예전에는 BPM(business process management)을 사용하여 고객 관련 분석을 했지만 모든 프로세스 관리를 정확하게 설명하지는 못했다. 고객의 행동을 연구함으로써 조직은 효과적인 상호 작용을 계획할 수 있다. 고객 여정 지도는 서비스 또는 제품과의 상호 작용을 특징 짓는 다양한 터치 포인트를 표현하여 고객 여정을 설명하는 청사진이다. 혁신 기술인 사물 인터넷, 인지 봇 및 블록체인과 같은 첨단 기술이 고객 경험과 결합되면 새로운 가치 생성이 가능하게 될 것이다. 고객과 조직의 접점을 보여 주는 고객 여정 지도를 통해서 고객이 어떤 상황에서, 어떤 장소에서 그리고 어떤 관계가 형성되는지 면밀한 분석이 가능하다. 이러한 여정에는 새로운 사건, 목표 및 행동이 예상 경로에서 출현하기 때문에 발생하는 편차도 고려되어야 한다. 지도가 생성되면 프로세스 및 조직 구성 단위에 대해 설정된 목표와 비교할 수 있다. 결과 분석은 고객을 위한 단기간 이익에 대한 개선뿐만 아니라, 미래의 고객 여정을 향상시키기 위한 프로세스를 재설계하는 데도 사용될 수 있다.

고객 행동을 분석하기 위해 여전히 많은 고객 분석을 사용하고 있는 소매 업체조차도 채널의 증폭과 소비자가 이를 사용하는 속도에 적응하기 위한 고민을 해야 한다.(7, 11)

간편하고 매력적인 실행 시스템

새로운 디지털을 최대한 활용하려면 시스템이 간편하고 매력적으로 실행되어야 한다. 기술은 보이지 않는 곳에서 작동되어야 한다. 단순한 실행은 단지 추세가 아니며 실제 통찰력을 기반으로 비즈니스 모델을 다시 생각해야 한다.

간단하고 단순한 실행을 하면 여러 채널에서 고객 경험을 통합할 수 있다. 원활한 파트너 및 공급 업체 네트워크를 구성하기에도 좋다. 직원에게 권한을 부여하고 참여시키며 비즈니스 프로세스를 함께 작동시킬 수 있다. 단순 실행은 시스템을 통합하고 혁신이 필요할 때 용이하게 재구성되어 플랫폼에서 운영이 가능하다.

회사는 고객을 이해하고 즐거운 옴니채널 경험과 서비스를 설계해야 한다. 채널 디자인 시 고객이 매장에서 쇼핑하는 것과 동일한 감정과 흥분을 불러일으킬 수 있는 방법을 강구해야 한다. 고객 시스템은 아마존이 한 것처럼 적절하고 간단하며 우아해야 한다. 아마존은 고객 경험을 지속적으로 높여주기 때문에 고객과 함께하면서 현재의 위치를 유지하고 있다. 기업은 고객을 기쁘게 하는 새로운 제품이나 서비스를 출시함으로써 비즈니스를 차별화할 수 있다. 그러나 궁극적인 보상은 획기적인 비즈니스 성과이다.(20)

평가는 전략과 고객 요구에서부터

고객 경험의 전략은 회사의 라이프사이클 전반에 걸친 고객의 고통과 마찰을 줄이려는 것이다. 이는 비전, 목표, 우선순위 및 고객 경험을 개선하고 궁극적으로 비즈니스 결과를 향상시키는 로드맵이다. 로드맵의 주요 단계는 마케팅 플랫폼, 데이터 또는 판매 시스템을 현대화하는 것이다. 비즈니스 모델은 하드 지표와 소프트 지표 모두 포함하여야 한다. 소프트 지표는 브랜드 인지도, 순수 추천 지수(net promoter score: NPS), 검색 용어 순위 및 사회적 정서가 주를 이루고 있다. 하드 지표는 기회 및 매출 증가는 물론 비용 절감, 투자 자본 수익률(return on investment: ROI) 및 공급망 비용 절감 및 인건비 절감과 같은 가시적인 효율성이 포함될 수 있다.(21)

순수 추천 지수: 이 지수는 고객 충성도를 나타내는 지표이다. 회사의 고객 관계에 대한 충성도를 측정하는 데 사용할 수 있는 관리 도구이다. 이 지수로 고객 경험을 측정하고 비즈니스 성장을 예측한다. 이 지표는 비즈니스 세계를 변화시켰으며 이제는 전 세계의 고객 경험 관리 프로그램에 대한 핵심 지표를 제공한다.

투자 자본 수익률: 투자자의 어떤 자원 투자로 인해 얻어진 이익.

데이터 및 분석의 놀라운 가치

데이터는 개인화된 경험의 기초이다. 고객과 만나는 접점 전반에 걸친 상호 작용을 결합하는 것은 훌륭한 고객 경험을 제공하는 데 중요하다.

고객 경험은 확장성에 대한 지속적인 고객 관련성을 제공하기 위해 바깥쪽(outside-in) 렌즈를 통해서 받아들이는 데이터에 중점을 두어야 한다. 데이터 사일로(silo)는 통합 관점의 개발이 힘들다. 그러므로 사일로화된 시스템을 조정하고 고객 및 잠재 고객에 대한 완전하고 실행 가능한 비전을 창출하는 것이다. 비전, 목표 및 지표에 맞는 데이터 맵을 작성하여야 한다.

또한 데이터를 조직의 중요 자산으로 바꿔야 한다. 데이터 수집만 하지 말고 관리하고 평가하여 고객 경험 프로세스와 연결하는 것이 시장을 선도하는 지름길이다. 데이터, 콘텐츠, 핵심 업무를 연결한 시스템 및 이를 둘러싼 프로세스를 최적화할 수 있는 기능이 필요하다.

조직은 핵심 기능 및 전략적 우선순위로서 분석의 채택을 가속화해야 한다.(22) 기계 학습을 통한 인공 지능은 제품에 대한 고객 행동, 거래 및 선호를 파악하는 프로세스를 자동화하고 통합하는 데에도 도움이 된다. 우리는 분석 기능이 중앙 집중화된 조직에서 고객 서비스, 영업, 현장 운영 및 마케팅 일선 직원이 데이터를 거의 효율적으로 사용하지 못하는 것을 볼 수 있다. 분석을 대규모로 채택하려면 조직은 분석을 최전선 직원의 핵심 역량으로 키워야 한다. 고객을 대면하는 직원은 조직의 운영 전략을 최적화하는 데 종종 가치 있는 고객 대응 데이터를 수집한다.

기업 문화의 변화는 위로부터 이어진다

고객에게 우수한 고객 경험을 제공하기 위해 기업은 제품 중심 사고에서 고객 중심 사고로 문화적 변화를 이루어야 한다. 정보 공유가 DNA인 융통성 있는 조직을 갖는 것이다. 분석을 사용하고 고객 중심의 프로모션을 수행한다고 해서 기업을 고객 중심으로 만들 수는 없다. 고객은 모든 상호 작용의 중심에 배치해야 한다.(11)

고객 경험의 모든 단계에서 직원을 브랜드 대사 및 지지자로 참여시키는 것은 종종 간과된다. 직원의 적극적인 참여가 고객 경험에서 차별화 전략이다. 고객을 지원하는 내부 직원 프로세스를 문서화해야 한다. 다시 말해, 내부 팀의 변화를 관리하여 고객과의 긴밀한 협력을 촉진하여야 한다.

혁신 기술이 고객 경험을 주도하는 역할을 하지만 기업들은 여전히 고객 중심성에 앞서 기술에 우선순위를 정하고 고객 기대치, 선호도 또는 가치에 대한 명확한 이해 없이 전방위 및 후방위 솔루션에 투자하고 있다. 그러나 기술 관점만으로는 고객 경험에 초점을 맞추는 데 한계가 있다. 우리는 사람들의 업무 방식과 조직의 문화를 기술과 마찬가지로 변화시키려 한다. 가장 어려운 일은 우리가 생각하는 방식을 바꾸는 것이다.(23) 그러므로 CEO의 역할이 막중하다.

고객 경험 시스템

고객 관리는 꾸준히 발전해 왔다. 초기 고객 관계 관리는 고객 중심이었다. 고객과의 상호 작용을 추적하는 것만으로는 충분하지 않다는 사실을 인식하여, 고객의 요구 사항을 이해하고 비즈니스 전략을 성공적으로 실현하여 고객 옹호에까지 왔다. 고객 경험의 마지막 단계는 지능형 고객 경험(intelligent customer experience)이다. 이것은 인공 지능, 모바일 및 클라우드가 결합된 바탕 위에 구동되는 고객 경험의 새로운 시대를 의미한다. 기업이 고객 중심으로 운영하고 소비자와 긴밀한 관계를 유지하기 위해서는 시스템 융합이 중요하다. 다양한 소스의 데이터를 결합, 기록 및 지능적으로 분석하는 시스템을 하나로 묶는 것이 필수적이라 할 수 있다.

그림 2.3은 고객 경험 시스템(customer experience system) 구조이다. 혁신 기술에 해당하는 기술 시스템(systems of technology), 지능형 시스템(intelligence systems), 참여 시스템(systems of engagement technology) 및 ERP 시스템(digital core)과 같은 4가지 시

그림 2.3 고객 경험 시스템 구조(18)

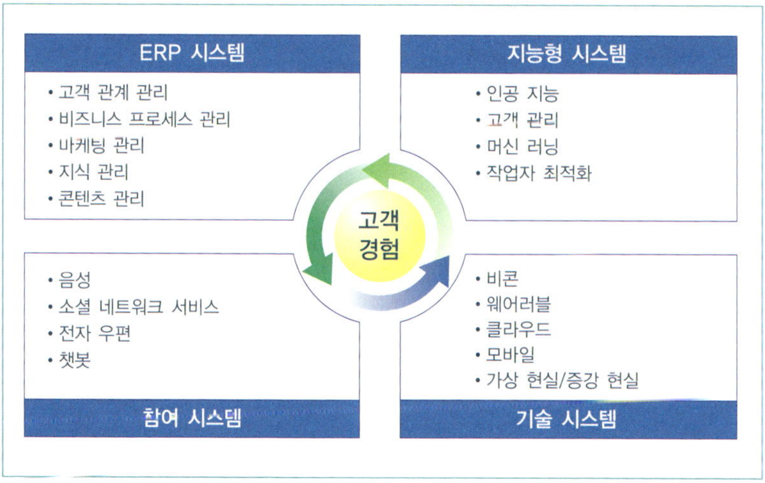

스템으로 융합된 것이다.

혁신 기술인 기술 시스템은 앞 요소 기술에서 일부 설명이 되었지만 주로 클라우드, 모바일, 웨어러블, 증강 및 가상 현실, 비콘 관련 기술들이다.

참여 시스템은 채팅, 화상 채팅, 소셜, 공동 브라우징과 같은 새로운 시대의 디지털 터치 포인트와 함께 음성, 이메일, SMS 및 팩스와 같은 기존 채널을 포괄하는 시스템이다. 최종 고객에게 일관되고 만족스럽고 통합된 경험을 제공하기 위한 것이다.

각 고객의 상호 작용은 자동으로 적절한 채널/에이전트로 할당되고 처리된다. 여기에는 개인 특성, 인구 통계 정보, 심리학 세부 정보, 상호 작용 내역 및 기타 트랜잭션 데이터와 같은 복잡한 데이터를 분석하는 작업이 포함된다.(18)

ERP 시스템은 고객 프로필, 구매 거래, 캠페인, 제품 정보, 영업 및 서비스 기록, 구매 환경 설정, 주문 및 공급망 등의 문제 해결을 위한 핵심 역할을 한다. 즉, 조직의 고객 데이터 마트이고 데이터에 대한 완벽한 뷰를 제공한다. 응용 프로그램, 데이터, 사람 및 프로세스 정보를 통합하면 기업의 전체적인 관점을 쉽게 파악할 수 있고, 이는 회사 전체에서 시너지 효과를 창출하고 IT 운영을 표준화한다. ERP 시스템은 전방위, 중방위 또는 후방위 운영과 같이 비즈니스의 모든 부분을 통합해야 한다.

고객 경험에 인공 지능을 더하다

지금까지 시스템은 고객에 대한 정보를 기록하는 용도로만 사용되었으며 분석이나 예측 활동은 거의 없었다. 고객 인텔리전스는 과거 구매 패턴을 분석하고 향후 제품을 추천하거나 고객과 성공할 수 있는 마케팅 및 영업 접근 방식을 추천하는 데 사용할 수 있다.(11)

인공 지능은 큰 데이터를 필터링, 분석, 학습 및 해석하는 기계 지능을 사용하여 고객의 요구 및 기대에 완벽히 대응하고 새로운 데이터가 공급될 때마다 자체적인 학습을 통해 더 똑똑해진다. 기계 학습 및 실시간 분석을 통해 다음과 같은 작업을 수행할 수 있다. 잠재 고객의 욕구, 구매 행동, 리드 전환 경향, 제품 향상 제안, 단종 제품 식별, 고객이 구매할 제품 예측, 고객이 다른 브랜드로 전환하는 프로세스, 최상의 제조 프로세스 등을 예측할 수 있다. 따라서 지속적인 개선을 통해 새로운 기회를 창출하고, 고객 기반을 늘리며, 고객 유지 전략을 고안하고, 비스니스 성장 결정을 확고히 하며, 비즈니스를 위한 수익을 향상시킨다.(24)

현대적인 고객 경험을 쌓은 회사는 인공 지능에 힘입어 기술을 사용하여 데이터를 더욱 가치 있게 만들고 고객과의 관계를 향상시킨다. 보다 정확한 결과와 정보 질의를 제공하기 위해 시간이 지남에 따라 개인의 선호도에 대해 더 배우는 애플의 시리 또는 아마존의 알렉사와 같은 보다 지능적인 인터페이스는 고객 경험에서 표준이 될 것이다.(25)

데이터는 탁월한 고객 경험의 핵심이며, 기업은 데이터 사용을 향상시키는 데 도움이 되는 고급 기술을 채택하고 있다. 이러한 기술의 채택이 증가함에 따라 고객 경험 성숙도를 높이고 데이터 수집, 분석 및 응용 프로그램을 통해 전체 조직에서 고객을 보다 깊이 있게 이해할 수 있다. 그렇게 하여 모든 고객에게 실시간으로 경험을 개인 맞춤화하는 것이 가능하다.

참고문헌

1. Shaun Smith and Joe Wheeler, *Managing the Customer Experience: Turning customers into advocates*, Prentice Hall, November 2002.
2. SAP, "44 Facts Defining the Future of Customer Engagement," Forbes SAP BrandVoice, 2014. 10. 6.
3. Anshul Gupta, "Futuristic trends driving customer experience management in a digital world," Infosys, 2018(https://www.infosys.com/digital/insights/Documents/futuristic-trends-driving.pdf).
4. 정보산업연합회, 『IT산업 메가트렌드 디지털 트랜스포메이션을 향한 여정』, FKII Report, 2017.
5. Dimension Data, "The IT trends that will impact your business in 2018" (https://www.dimensiondata.com/-/media/dd/corporate/microsites global/it-trends-2018-home/it-trends-2018-infographic-Digital-Workplace.pdf).
6. Adobe, 『2017 디지털 트렌드』, 2017. 2(https://wwwimages2.adobe.com/content/dam/acom/kr/events/pdf/Adobe-2017-Digital-Trends-APAC-KOR_v2.pdf?logActivity=true).
7. TIBCO, "Unleashing Digital Creativity to Accelerate Digital Transformation," TIBCO WHITEPAPER 2017(https://www.tibco.com/it/node/19381).
8. EMC, "Why Companies Must Embrace Digital Transformation Now," 2017.
9. SAP, "The Consumer Driven Digital Economy Creating Value in a digital world where the consumer is in charge," SAP Digital Consumer Products Whitepaper, 2016(https://cx.sap.com/medias/sys_master/root/h81/h3a/8811974787102/digital-whitepaper-consumer-products.pdf?campaigncode=undefined).
10. Geoffrey Parker, Marshal W. Van Alstyne, and Sangeet Paul Choudary, *Platform Revolution*, W. W. Norton, 2016.
11. SAS, "Customer Intelligence: The next level of customer experience," SAS (https://www.sas.com/content/dam/SAS/es_es/doc/whitepaper1/sas-customer-intelligence-next-level-customer-experience-belux.pdf).

12. Raman Katyal, "Reimagining the Supply Chain in the Era of Intelligent Automation," Capgemini, 2017(https://www.capgemini.com/gb-en/wp-content/uploads/sites/3/2017/11/dsc_pov-21.pdf).
13. EY, "The digitisation of everything How organisations must adapt to changing consumer behaviour," EY, 2017(https://www.ey.com/publication/vwluassets/the_digitisation_of_everything_-_how_ organisations_must_adapt_to_changing_consumer_behaviour/%24file/ey_digitisation_of_everything.pdf).
14. Cisco, "Customer Experience in 2020," Cisco, 2017(https://www.cisco.com/c/dam/en/us/solutions/collateral/digital-transfor).
15. SAP, "Open Innovation in a Digital Economy with SAP HANA Cloud Platform," 2016(https://www.sap.com/documents/2016/10/3ca6f918-8e7c-0010-82c7-eda71af511fa.html).
16. Bill Price and David Jaffe, *The Best Service is No Service: How to Liberate Your Customers from Customer Service, Keep Them Happy, and Control Costs*, e-book, 2008. 3. 21.
17. Gartner, "Top Strategic Predictions for 2017 and Beyond: Surviving the Storm Winds of Digital Disruption," 2016. 10. 14.
18. Cognizant 20-20 Insights, "The 2020 Customer Experience," 2017. 4(https://www.cognizant.com/whitepapers/the-2020-customer-experience-codex2426.pdf).
19. Patrick Wheeler, "The Digital (R)Evolution: Transforming Business Models," 2015. 7(https://digitalstrategies.tuck.dartmouth.edu/the-digital-revolution-transforming-business-models/).
20. NATHAN RAWARD, "SCALE UP YOUR DIGITAL COMMERCE GROWTH," ACCENTURE, 2017. 10. 24(https://www.accenture.com/t20171024T092040Z__w__/ ph-en/_acnmedia/PDF-64/Accenture-Digital-Commerce-Customer-Experience.pdf).
21. Avanade, "Is your customer experience making an impact? Or not?," 2017(https://www.avanade.com/~/media/asset/point-of-view/customer-experience-practical-guide.pdf).
22. Olu Adegoke, "From Digital Experimentation to Digital Transformation," Infosys, 2018(https://www.infosys.com/industries/communication-

services/white-papers/Documents/digital-experimentation-transformation.pdf).

23. FORBES, "how to win at digital transformation," FORBES INSIGHTS, 2016 (https://images.forbes.com/forbesinsights/hds_digital_maturity/HowToWinAtDigitalTransformation.pdf).

24. pwc, "Changing the game: The new rules of Customer Experience in the 'Intelligent Experience Economy'," 2017. 8(https://www.pwc.com.au/consulting/assets/changing-the-game-report.pdf).

25. Oracle, "5 data-driven tech trends shaping customer experience," 2017(http://www.oracle.com/us/products/applications/cx-trends-ebook-3613741.pdf).

Chapter

3 스마트 공급망: 디지털 전환의 통합망

제3장

스마트 공급망:

디지털 전환의 통합망

디지털이 주도하는 공급망의 변천사

2014년도는 공급망 관리의 역사가 30년이 된 시점이다. 초기 10년 동안은 비용 절감과 운영 효율화에 초점을 맞추어서 공급 측면의 기술 패러다임에 의해 주도되었다. 이 패러다임은 공급자의 제한된 생산 능력 하에서 최적화를 추구하는 비즈니스 모델이었다. 다음 10년, 즉 1990년대는 유연성과 민첩성 확보에 관심이 있었다. 그 후는 내부(inside-out) 정보보다는 외부(outside-in) 정보인 고객 수요, 시장, 경제 환경 등 수요 측면에 관심을 누고 공급하는 수요 기반 공급망 관리(demand driven supply chain management)였다. 수요 기반 공급망 관리에 관심이 있는 독자는 DEEP DIVE 1을 참조하기 바란다. 아주 최근에는 혁신적 기술과 다이내믹한 시장에 순응할 수 있는 디지

그림 3.1 공급망의 변화(1)

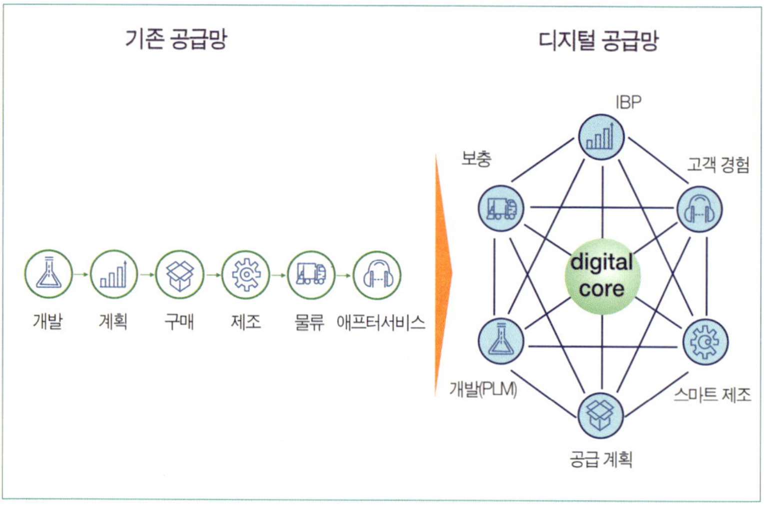

털 공급망 관리(digital supply chain management)로 진화되고 있다. 오늘날 공급망은 정적이고 순서에 따라 진행되기보다는 생태계 파트너끼리 보다 쉽게 통합하고 시간이 지남에 따라 최적 상태로 진화할 수 있는 동적 상호 연결 시스템으로 전환하고 있다. 이 상호 연결된 개방형 시스템이 디지털 공급망(digital supply network)이다.(1)

그림 3.1 왼쪽에서 보는 것같이 이전의 공급망은 가치 사슬 참가자들 간에 재화와 서비스의 흐름이 순차적이고 정적인 특성을 가지고 있다. 공급망상에 있는 물리적인 세계를 소프트웨어를 사용하여 정확하게 모델링하고 계획 및 실행을 했

다. 점점 더 연결되어 가는 세상에서 가치 사슬 참가자들은 비순차적인 방식으로 상호 작용한다. 그림 3.1 오른쪽 그림과 같이 공급망은 가치 네트워크(value networks)가 되고 있다. 가치 네트워크는 상호 운용성 기술 및 표준화에 힘을 받아 완벽한 데이터 교환이 가능하다. IoT로 연결된 데이터를 집계, 분석 및 실행하는 데이터 관리 및 분석 플랫폼이 디지털 코어인 ERP와 통합되고 외부와도 연결된다. 디지털 공급망은 현실 세계를 정확히 표현할 뿐만 아니라 가상 공급망에서 물리적 현실 세계와 실시간 동기화된다. 이로써 사물과 사람 및 프로세스의 데이터와 상호 작용이 공급망에서 발생하는 상황을 보다 잘 이해하고 최선의 이익을 위해 반응할 수 있게 된다. 데이터가 지능형 소프트웨어와 결합되어 학습하고 적응하며 고객에게 더 나은 서비스를 제공할 것이다.

미래에는 빠른 응답(rapid response)과 규범적 분석(prescriptive analytics)을 잘 수행하는 회사들이 승자가 될 것이다.(2)

규범적 분석: 서술적이고 예측적인 분석을 포함하는 마지막 단계의 비즈니스 분석이다. 자세한 내용은 3장을 참조하기 바란다.

그림 3.1 오른쪽에서 보는 것같이 스마트 공급망은 통합 비즈니스 계획(integrated business planning: IBP 3장), 고객 경험(2장), 스마트 공장(4장), 구매, 제품 개발, 대응 및 공급 계획(response and supply planning(3장) 등으로 구성되어 있으며 서로 상호 작용이 일어난다. 본 장에서는 IBP와 대응 및 공급 계획 위주로 시

술될 것이다.

스마트 공급망의 특성

스마트 공급망(smart supply chain)의 특성은 민첩성과 연결성으로 요약할 수 있다. 민첩성은 공급망상에 있는 구성원들과 민첩하게 협력 및 연결하여 제품 개발 출시 기간을 당겨 시장을 선점하고 기업의 매출을 증대시켜 회사의 외형 성장을 이룬다. 공급망의 연결성은 공급망 가시성 증가, 비용 최소화 등 운영 효율화에 목표를 두고 있다.

보다 민첩한 협력 네트워크

디지털 환경에서는 공급망 관리가 크게 변화하였다. 이로써 네트워크상의 복잡성이 기하급수적으로 증가하여 기업 관리자는 복잡성과 투쟁하고 있는 중이다. 공급망의 복잡성으로 야기되는 자원의 낭비, 비효율성 및 판매 기회 상실로 인해 발생되는 금액이 2,370억 달러이고, 이로 인해서 세계 상위 200개 회사 이익의 10%가 감소된다는 통계가 있다.(3)

디지털 기술과 가상 물리 시스템(cyber physical systems: CPS) 기술에 영향을 받아 공급망은 고도로 통합되고 자동화된다. 그리고 디지털 시대에도 기업은 저비용으로 고객의 요구를 충족하기 위해서 공급망에 있는 기업들과 수평적인 관계를 유지하면서 핵심 역량에 집중하게 된다. 핵심 역량이 아닌 영역은 적극적으로 기술 협력(technology collaborative)을 하지 않을 수 없다. 제품 개발 플랫폼에 적극 참여하는 것이 대표적인 사례일 수 있다. 이렇게 함으로써 기업은 불확실한 시대에도 사업 다양화를 통해 리스크를 낮추면서 동시에 시장 점유율을 올릴 수 있다. 이렇게 공급망상에 있는 기업과 긴밀하고 속도 있는 협력을 민첩 협력 네트워크(agile collaborative network)라 할 수 있다.

가상 물리 시스템: 컴퓨터 프로그래밍으로 만들어진 가상(cyber) 세계, 즉 디지털 환경과 물리적 법칙에 의해 운용되는 물리적 세계를 통합하는 개념을 의미한다.

이것은 공급망상에 있는 회사끼리 생산 자원(production resources)을 공유하고 플랫폼을 통해서 거래함으로써 자원 이용을 최적화한다. 데이터 분석을 활용하여 엔진 관리 서비스를 제공하는 GE는 기존의 비즈니스를 수행하는 수직적 조직과 병행하여 퍼스트빌드(FirstBuild)라는 소규모 공방을 만들고, 창의적인 메이커들을 적극적으로 활용하여 스마트 제품을 개발한 바 있다(그림 3.2 참조). 또한 자체적으로 린(lean) 제조와 스타트업의 속도를 결합해서 제품 개발의 신속화(fast works)를 도

퍼스트빌드: 디자이너와 엔지니어들이 모여 새로운 생활 가전에 대한 아이디어를 공유하고, 프로토 타입을 제작해 아이디어의 실효성을 평가한 뒤, 우수한 아이디어를 채택해 실제 제품으로 제작하기까지 하는 공간이다. 제품이 탄생하는 전 과정이 한자리에서 진행되는 것이다. 또한 온라인의 퍼스트빌드는 물리적 공간의 한계를 뛰어넘어 인터넷을 통해 전 세계 사람들과 아이디어를 나누고 실현시키는 협업 플랫폼이다.

제품 개발의 신속화: 제품 안전과 품질을 유지하면서 절차를 간소화해 속도를 획기적으로 줄이는 혁신 경영 기법이다. 패스트 워크스의 핵심 요소는 '절차의 간소화'와 '고객과의 지속적인 소통'이다. 제품 개발 진행 과정에서 지속적으로 고객 피드백을 받고 이를 제품 개발 및 모든 과정에 수시로 반영함으로써 고객 만족도와 성공 가능성을 높이는 것이다.

그림 3.2 GE 퍼스트빌드

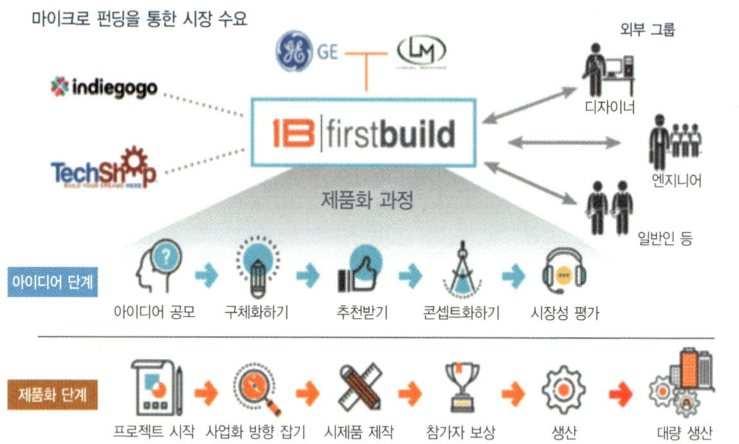

자료: 한국무역협회, 『다시 뛰는 미국제조업, 플랫폼 전략을 통한 혁신』(김장덕 연구원, 2015년 12월).

입해 신제품 출시, 운영 속도, 가변 비용 및 생산성 면에서 효과를 낸 사례도 있다.

공급 측면에서 보면 어떤 것은 자체 생산하고 무엇을 외주화할지에 대한 빠른 결정뿐만 아니라 어디에 능력이 있는 인재가 있는지, 어디에 여유 생산 능력을 보유하고 있는지 등 글로벌 마켓에서 기술과 생산 능력을 추천하는 브로커의 등장도 예상된다. 앞으로 시장은 이렇게 임시변통의 협력이 대세이다.

글로벌화가 확대됨에 따라서 기업은 가치 사슬을 글로벌

관점에서 바라보아야 한다. 공급자, 소비자는 어느 사슬과도 쉽게 결합이 가능한 상태이기 때문에 자사 핵심 경쟁력을 판단하고 효과적인 아웃소싱을 해야 한다. 이 협력은 기술 협력뿐만 아니라 신제품 개발 시 기술(skills)과 자원(resources)까지 협력의 대상이다. 민첩 협력 네트워크는 5장의 플랫폼 생태계와 밀접한 연관성을 갖는다.

연결됨으로써 얻을 수 있는 것은 무엇인가?

연결 공급망(connected supply chain)은 가상 공간에서 물리적인 프로세스를 통합, 자동화함으로써 전체 공급망의 근원적인 문제를 해결한다. 즉, 통합, 가시성, 속도 측면에서 공급망을 개선하여 최종적으로는 운영 효율화에 목적을 두고 있다.

공급망 연결성은 수평적 통합으로서 운영 비용 최소화에 방점을 두고 있고, 공급망 관리의 골칫거리인 복잡성을 관리하는 데에도 이용된다. 공급망에서 제품 수명 주기 동안 지속되는 물리적 자산과 프로세스에 대한 소프트웨어 모델이 공급망 디지털 트윈(digital twin)이다. 이는 데이터 흐름을 계속적으로 디지털 플랫폼에 사상(매핑)한다. 여기에 사용되는 데이터는 기존의 정형화된 것뿐만 아니라 센서 기반 데이터, 위치 기

디지털 트윈: 컴퓨터에 현실에 있는 사물의 쌍둥이를 만들고, 현실에서 발생할 수 있는 상황을 컴퓨터로 시뮬레이션함으로써 결과를 예측하는 기술이다. 디지털 트윈은 제조업뿐 아니라 다양한 산업, 사회 문제를 해결할 수 있는 기술로 주목 받는다. 자세한 내용은 4장을 참조하기 바란다.

반 데이터, 실시간 데이터를 이용하기 때문에 변화하는 네트워크 상태 및 예기치 않은 상황에 대해 지체 없이 신속한 대응이 가능한 이점이 있다.

이 플랫폼을 통해서 물리적 세계와 디지털 세계가 결합을 시작하여 전체 가치 사슬의 큰 변화를 보여 줄 것이다. 소프트웨어, 디지털 트윈, 가상 현실 외에 첨단 기술들이 동원되어 제품 개발에서 판매에 이르는 디지털을 지원하여 제조 민첩성과 속도를 제조 시설에서 제어할 수 있다. 그리고 생성된 데이터나 프로세스 분석을 통해서 공급망 관리자는 스마트하고 합리적인 의사 결정을 할 수 있다. 이렇게 실물 공간에 있는 객체들을 가상 공간에 옮겨 놓으면 마음대로 시뮬레이션이 가능하고, 물건을 만들기 전이나 문제가 일어나기 전에 경고, 수습 및 예견이 가능하다.

화이트칼라, 엑셀에서 해방되다

캡제미니(4)는 제조업의 디지털 전환 시 우선 실시해야 하는 과제 중의 하나로 통합 비즈니스 계획을 제시하였다. 회사의 운영 계획은 크게 보면 세 가지로 나눌 수 있다. 이는 상위 레벨인 전략 계획(strategic planning), 중간 단계인 전술 계획(tactical planning)과 하위 계획인 실행 계획(execution planning)으로 구성되어 있다. 전략 계획은 회사의 목표 및 중요 재정 관련 핵심 성과 지표(key performance index: KPI)와 관련이 있다. 여기에 해당하는 구체적인 계획은 비즈니스 계획(business planning), 예측 및 합의 계획(forecasting and consensus planning), 재정 계획(financial planning) 등이 있는데, 기업에서는 상용화된 시스템인 비즈니스 통합 계획(business planning consolidation: BPC)을 주로 사용하고 있다.

중기 계획은 전술 계획으로서 공급망 계획(supply chain planing: SCP)이 이에 해당하며, 전략 계획과 하위 실행 계획의 불일치가 없도록 중간에서 조정자 역할을 한다. 즉, 다리 역할을 하는 것이다. 하위 계획은 생산 현장에서 자원 이용을 최대화하기 위한 상세 스케줄 계획(production planing & detailed schedule)으로 구성되어 있다.

기업에서는 각 부서의 개별 계획(silo planning)을 통합하기 위해서 길게는 한 달에 한 번, 짧게는 한 주에 한 번 영업팀, 마케팅 부시에시 시장 상황 및 소비자의 동향을 파악한 뒤 통계 시스템을 동원하여 합의된 수요 계획(consensused demand planning)을 수립하면 이에 대해서 생산 관련 부서에서 공급 능력 및 부품 조달이 충족될 수 있는가를 검토한다. 이와 같은 검토를 생판 회의(sales & operation planning: S&OP)라 하고, 어느 부서에서 이 일을 주도하느냐에 따라서 영업 주도 S&op(주도는 대문자로 구별하였음) 또는 생산 주도 s&OP로 표현하기도 한다. 지금까지는 생산 주도 생판 회의가 주를 이루었으나 상대적으로 영업 주도 생판 회의가 보다 바람직하다. 그러나 가장 이상적인 것은 최고 재무 관리자(chief financial officer: CFO)가 주도하는 것이다. 왜냐하면 S&OP에서 산출된 생산 계획이 상위 계획인 재정 계획의 목표와 부합되어야 하기 때문이다. S&OP에서는 예측 정확도를 높이기 위하여 최종 제품을 대상으로 예측을 하는 것이 아니고 제품군을 대상으로 중장기적인 능력 계획을 감안하여 수요와 공급이 일치하는가를 일반적으로 검토한다. 각 부서에서 사용되는 계획 프로세스나 시스템이 다르기(silo planning and system) 때문에 여기에서 부서 간 의견이 충돌하는 것을 볼 수 있다. 조정 과정을 거쳐 최종적으로 중역 S&OP에서 합의되면 회사 공동의 목표인 하나의 계획(single plan)으로 확정된다. 이에 따라 회사는 일관성 있게 계획을 실행에 옮긴다.

회사의 모든 계획 IBP로 해결하라

기존의 S&OP는 수요와 공급의 불균형, 계획 기능이 회사 전체 재정 계획과의 불일치로 인해 항상 문제가 있었다. 그리고 작업자는 매일매일 열심히 작업하는 자신의 생산 행위가 회사 상위 레벨의 전략 계획에서 세운 목표와 부합되는지 알 방법이 없고, 임원들 또한 회사 목표대로 생산이 잘 수행되는지, 회사의 전략 목표와 생산 실행이 일치하는지 서로가 확신하지 못했다. 이와 같은 문제를 해결하기 위해서는 수직적인 상, 하위 계획 통합뿐만 아니라 부서 간의 수평적인 계획 통합의 필요성이 절실히 요구되고 있다. IBP는 기존 S&OP 기능 중 위 3가지 문제인 수요와 공급 불일치, 상, 하위 계획의 연결 및 계획과 실행 통합 문제를 해결한다. 그 외에도 IBP의 중요 기능은 공급망 컨트롤 타워, S&OP, 수요 관리, 재고 최적화, 대응 및 공급 계획이다.

컨트롤 타워는 전 밸류 체인을 한눈에 볼 수 있고, 성과와 문제 발생 시 해결책을 강구하는 도구로서 사용되고 있다. 수요 감지와 대응 계획(response planning)은 현재 생산 소비 환경 변화에 맞추어 단기적으로 빠른 대응을 하는 데 긴요하게 이용된다.

그림 3.3 통합 비즈니스 계획 접근법

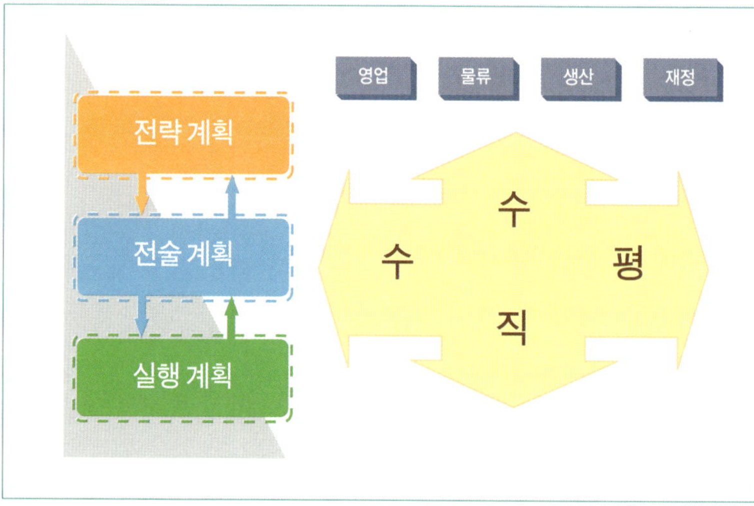

재고 최적화(inventory optimization)는 생산 관리에 감초처럼 대두되는 테마이지만 공급망이 복잡해지고, 수요 변동이 심한 상황에서 전 공급망상에서 재고 적정량을 관리하기 위한 것이다.

공급망에서 어느 노드에서 얼마만큼 공급을 해야 하는지를 계획하는 공급 계획(supply network planning)을 포함한 공급망상에서 발생되는 모든 계획을 통합한 것이 통합 비즈니스 계획이다.

오늘날 디지털 기술은 각 부서 개별 계획을 넘어 진정한 통합 비즈니스 계획(IBP)을 가능하게 한다. 그림 3.3에서 보는 것같이 통합 비즈니스 계획은 수평적으로는 영업 계획과 생산 계획을 통합할 뿐만 아니라 수직적으로는 전략 계획과 실행 계획을 연동시킨다. 부서를 초월해서 여러 부문 연결 계획(cross functional planning) 수립을 통해 IBP는 공급망, 마케팅, 생산 및 재무에서 계획 활동을 통합함으로써 회사 전체의 공동 목표에 부합하는 가치를 추구할 수 있다.

현재 공급망 관련 솔루션 제공 업체는 계획 기능에 중점을 두고 있다. 그 이유는 계획이 공급망에서 가장 큰 과제 중 하나이며 공급망 전체에 걸쳐 있다는 점에서 그렇다. 또한 공급망 실행 기능인 창고 관리 시스템, 수배송 관리 시스템은 절대적으로 계획 기능에 종속되어 있기 때문이다. 현재 새롭게 등장하고 있는 IBP 플랫폼은 다양한 'what-if' 시나리오의 결과를 모델링하고 시뮬레이션할 수 있고, 단기 계획인 수요 감지나 실시간 대응 계획(real time responsive planning) 알고리즘을 탑재하고 있어 단기간의 시장 환경 변화에 민첩하게 대응할 수 있다. 또한 일상 업무를 지원할 수 있는 엑셀과 연동이 가능하고 대외기관 간의 협력 기능이 강화되었다.

현존하는 상용화 제품이 있지만 기업의 정보화 투자는 보수적이다

예전에는 기업들이 디지털 전환하는 부분은 B2C 영역이 대부분이었다. 그중에서도 고객 접점 부분으로 전방위 소프트웨어인 고객 관계 관리, 마켓플레이스, 플랫폼 등에 집중적으로 투자를 하였다. 반면 제조 관련 디지털 전환은 한마디로 모 아니면 도(on-off relation)의 관계이다. 즉, 대규모로 도입하거나 전혀 하지 않거나 둘 중에 하나를 택한다. ERP를 도입할 때는 거의 모든 기업들이 참여했는데, 최근 디지털 기술인 빅 데이터 분석, 실시간 납기 확약(real time order confirmation), 외부 기업과 플랫폼 구축에는 미온적인 자세를 취해 왔다. 디지털 전환이 가장 영향을 미칠 수 있는 곳이 제조 영역이지만 대부분 기업들은 오래되고 구형 계획 시스템이나 엑셀을 사용하거나 지나치게 인간이 중간에서 조정자 역할을 해왔다. 엑셀의 기능을 의심하지는 않으나 개별 작업으로 인해 전체 연결성 및 통합성에는 문제가 있다. 이런 연결과 통합의 갭을 줄이기 위해서 최근에는 중, 후방위 관련 디지털 변환에 투자를 하고 있다. 예를 들면, 첨단 생산 시스템(advanced production system)이나 통합 비즈니스 계획(IBP)을 도입함으로써 제조 공정의 가시성과 민

그림 3.4 통합 비즈니스 계획 연결성

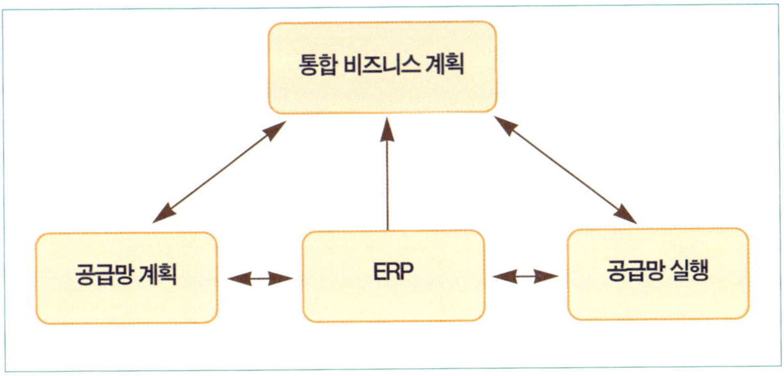

첩성이 확보된다.

그림 3.4에서 보는 것같이 상용화된 제품은 기존 ERP, 공급망 계획, 공급망 실행(supply chain execution), 구매 플랫폼과 새로운 IBP가 통합되어 클라우드로 제공되고 있다.

최근 SCM 임원을 대상으로 한 설문에 따르면, 앞으로 3년 이내 디지털 공급망의 중요성에 대해서는 49%가 인식을 했다. 그러나 실제로 그들 조직은 13%밖에 준비되어 있지 않다고 답변했다. 대부분의 회사들이 공급망 관리의 디지털 전환에 준비가 안 된 상태이다.

최근 캡제미니 발표 자료에 의하면(5) LG Display가 7가지 다른 계획과 실행 시스템을 통합하여 해외 9개 공장들을 하나의 프로세스 데이터 뷰(process data view)로 확보한 합리적 이사 결정 사례를 소개하고 있다.

실물 공간을 복제하여 가상 공간으로 트윈하는 것은 말처럼 쉬운 일이 아니다. 데이터를 플랫폼에 연결할 때 인터페이스 표준화나 정확한 모델 구축, 데이터 보정 기법(reconciliation) 등 모두 것이 녹록치 않다. 이런 문제가 해결되어야만 최적화 의사 결정, what-if 분석, 조기 결함 발견이 가능하다. 연결이 제조 현장만으로 구성될 때 효과는 일부분이다. 원자재가 입고되어 완제품으로 만들어지는 전체 가치 사슬이 연결될 때 효과는 극대화된다. IBP가 부분적으로 회계 영역과 연결되나 실행 물류와의 연결도 필요하다. 공급망 계획 및 실행 전체를 가상 공간에 모델링하고 사상하는 기술이 중요하다.

디지털 전환은 단순히 디지털 연결이 아니라 디지털로 전환되고 지능화까지 이어져야 한다. 이것으로 인해 얻어지는 효과는 비용 절감, 가동 시간 증가, 신제품 및 서비스 향상, 최적 생산성, 낭비 감소, 회전율 향상, 신속 배달, 생산 능력 향상, 효율성 증가, 신사업 모델 발굴 등이다.

모든 공급망을 통제하는 컨트롤 타워

회사 경영자들은 계획을 세울 때 "여러 시스템에서 발생되는 데이터 중 내가 원하는 것을 찾기가 힘들다", " 나와 관련된 KPI가 연말에는 어느 수준에 있는지 모른다", "나의 공급망에서 향후 예상되는 문제는 무엇이며 공급망 전체를 한눈에 보기가 힘들다", "문제가 발생되었을 때 많은 관련자를 만나 보고서야 상황을 파악할 수 있다", "문제 해결을 위한 통합 솔루션이 없다" 등과 같은 다양한 문제에 직면한다.(6) 상위 계획인 재정 의사 결정이나 실행 의사 결정이 제각각이고 데이터를 근간으로 의사 결정하는 것이 아니라 주로 직감과 경험으로 행해진다. 그뿐만 아니라 진행 속도도 늦고 과거 데이터로 인한 과거형 의사 결정이 이루어진다. 이로 인해 시장 점유율이나 고객 만족도 하락으로 이어져 재무 실적이 악화될 수 있다.

글로벌화가 진화됨으로써 제조 업체는 여러 지역에서 공급되는 수입 부품의 품질, 가격, 납기 등 관리의 복잡성과 어려움에 직면해 있다. 또한 불완전한 정보는 비용, 품질 및 완제품의 적기 납품에 영향을 미칠 수 있다. 이를 극복하기 위해 공급망 컨트롤 타워에서 내, 외부 공급망 계획 및 실행 시스템 전반에 걸쳐 가시성을 확보하면, 본사에 근무하는 팀은 전 세계를 날지 않고도 응급 상황을 해결할 수 있다. 공장은 전 세계에 배포될 수 있지만 데이터 빛 관리 인새를 지역별로 분리할 필요는 없다. 공급망 가시성은 공급망 경쟁력을 실현하는 데 매우 필요한 기능이다. 그러나 실시간 데이터에 액세스하여 향상된 응답성, 성능 및 가치를 이끌어 내는 일련의 기능을 동반해야 한다.

구체적으로 컨트롤 타워를 운영함으로써 얻는 효과는 다음과 같다. ① 여러 시설에 걸친 오류를 방지하는 자동화 프로세스를 운영할 수 있다. ② 전체 생산 프로세스의 각 단계에서 가시성이 향상된다. ③ 재료 및 예비 부품의 가용성과 관련된 문제점을 해결하여 조립 라인의 생산량을 증가시킨다. ④ 고객 및 공급망 계획자의 재고 및 생산 상태의 가시성이 개선된다. ⑤ 수요와 공급에 따라 생산량을 조정하여 생산을 동적으로 최적화한다.(7) 또한 고객 주문 충족률을 향상하고, 재고 비용, 공급망 비용 등을 낮추는 것과 동시에 공급망이 민첩해진다.

공급망 관리의 모든 계획과 통제는 컨트롤 타워에서 수행된다. 공급망의 가시성이 확보되려면 하위 기능들의 디지털 전환이 동반되어야 한다. 공급망상의 협력(collaboration)은 사물 사이를 연결해 주는 IOT가 필수적이다. 제조 기업 입장에서는 전체 생태계인 네트워크에 참여함으로써 소비자 요구 파악, 공급자의 현황, 생산 실적 등을 볼 수 있다. 또한 제품 품질, 표준화에서도 혜택이 있을 뿐만 아니라 지속 가능한 수요가 확보될 수 있다. 이와 같은 네트워크의 가시성은 의사 결정의 협력을 증진시킬 뿐만 아니라 시장 변화에도 유연하게 대처할 수 있도록 해준다. 네트워크상에서 협력은 전 공급망에서 수행되는 제품 개발, 외주, 자산 관리, 영업, 물류 등을 모두 포함한다.

공급망 관리의 디지털화 변환은 기술만으로는 부족하고 인적 요인과 기업 문화의 변경이 필수적이다. 조직 전체의 변화가 이루어짐으로써 가시성이 확보되면 예측 정확도가 증가되고, 적정 재고를 유지할 수 있으며, 문제 예측과 사전 경고도 가능하다.

컨트롤 타워의 핵심 성과 지표들은 SCOR(Supply Chain Operations Reference)을 근간으로 구성되어 있다. 주로 고객 주문의 원활한 제공(order fulfillment), 현금 흐름(cash to cash), 재고 관련 지표들로 이루어져 있다.

SCC(supply chain council)에 의해 정립된 공급 사슬 프로세스의 모든 범위와 단계를 포괄하는 참조 모델로 공급 사슬의 회사 내부 기능과 회사 간 공급 사슬 파트너 사이의 의사소통을 위한 언어로써 공통의 공급 사슬 경영 프로세스를 정의하고 계획(plan), 조달(source), 제조(make), 배송(deliver), 반품(return)의 다섯 가지 관리 프로세스를 가지고 있다.

기존의 수요 예측으로 충분치 않다

기존 수요 관리는 범위가 광범위하고 참조할 서적이 산재해 있기 때문에 본서에서는 서술을 생략하였다. 다만 최근 수요 감지와 기존의 예측적 수요 관리를 병행할 경우 현 소비자 환경에 상당히 효과적으로 사용될 것으로 기대된다. 기존의 통계적 예측을 이용한 수요 관리는 중, 장기 수요 계획에 보완적으로 사용될 수 있다. 그런데 단기에서 예측 오차 및 부정확도로 인해 예측 시스템에 대한 불신이 생기기 마련이다. 내비게이션이 목적지와 도착 시간을 예측하듯이, 기존의 수요 예측은 중, 장기적 특성을 가졌고 목적지에 도착하려면 당장 운전 중에 필요한 다양한 도구(백미러, 윈드 실드, 미끄럼 방지 장치 등)가 필요한데 이 역할을 수요 감지가 하는 것이다. 매일 수요를 체크하여 중, 장기 예측 시스템에서 설정한 값이 변화가 있는지, 단기간에 고객들의 수요 변화가 어떤 패턴이 있는지 등을 인지하여야 한다. 판매 시점 정보 시스템(point of sale system: POS), SNS 데이터 등의 분석을 통해서 단기간의 수요 변화를 감지하는 것을 수요 감지라 한다. 시장 변화에 맞게 수요가 공급보다 많을 경우 신속한 대응이 필요하며, 공급이 수요보다 많을 경우에는 판촉 계획을 수립하는 등의 조치가 필요하다. 예를 들면, 통계적 예측 모델을 통한 중, 장기 수요 계획을 진행한 결과 강남과 강북 지역의 1주일 병맥주 수요가 똑같이 14트럭분이라 가정하자. 그런데 강북과 강남의 1일 수요는 각기 다른 특징을 보일 수도 있다. 강남은 수요가 1, 1, 1, 2, 3, 3, 3트럭

판매 시점 정보 시스템: 판매와 관련한 데이터를 일괄적으로 관리하고, 고객 정보를 수집하여 부가가치를 향상시키는 시스템이다. 상품의 제조/생산 단계에서 바코드 등을 이용하여 관리의 효율성이 증대한다.

그림 3.5 수요 감지의 역할

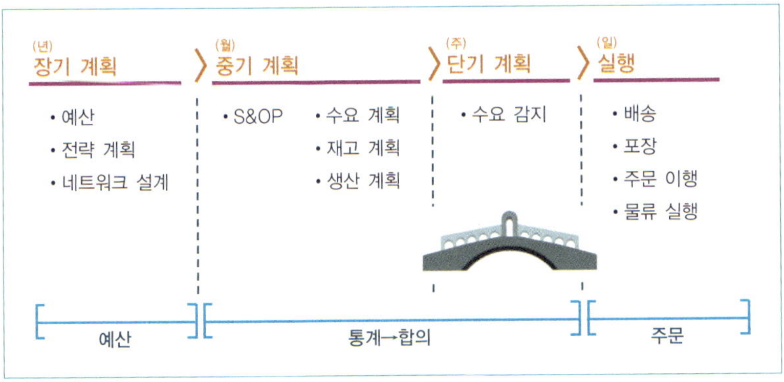

으로 수말에 집중적으로 팔리는 구조이지만, 강북은 주초에 수요(3, 3, 3, 2, 1, 1, 1)가 많을 수 있다. 생산 계획 및 수송 계획은 모두 중장기적 수요에 의거해서 자재, 생산 스케줄 및 트럭을 준비해 놓는다. 하루하루 수요가 달라지면 수송 계획, 생산 계획, 분배 계획, 자재 구매 계획(좀 더 시간적 여유 있음)도 변동시켜야 한다. 이 변동의 방아쇠를 당기는 것이 수요 감지이다. 이렇듯 수요 감지는 그림 3.5와 같이 중기 계획과 실행을 연결하는 다리 역할을 하면서 중기 계획과 단기 계획을 조정할 수 있다.

수요 감지에 더 관심이 있는 독자는 DEEP DIVE 2를 참조하기 바란다.

밀려오는 고객 주문 어떻게 처리할 것인가

공급 계획은 산업에 따라 다양한 방법으로 접근하고 있으나 크게 보면 두 가지로 나눌 수 있다.

첫째는 전술(tactical) 공급 최적화(supply optimization)인데, 시계열(time-series) 성격을 띤 중기 계획이다. 즉, 1주일 내 또는 1달 내(시간 단위, time bucket) 수요량을 공급해 주기 위해서 현재 우리가 가지고 있는 자원이 충분한가 검토한 후 공급 계획을 세운다. 해법은 주로 비용/이익을 목적 함수로 두고 제약/비제약 조건에서 경험적인 방법이나 최적화 기법을 사용한다. 또한 수요나 공급의 변동이 있을 경우 실제적으로 어떤 변화가 있는지 What-if 분석을 실시해서 공급 계획을 수립한다.

둘째는 고객으로부터 주문 받은 수주에 대해서 우리의 재고 및 공급 능력에서 어떻게 주문 충족률을 올릴 것인가에 대한 것이다. 실행 레벨 공급 계획으로서 개별 주문의 우선순위에 따라 주문을 정렬한 다음 재고, 생산 일정 등으로 수요를 충족시키고 동시에 납기 확약을 하고 단기 공급 계획을 생성한다. 일반적으로 계획 수립 방법으로는 우선순위 규칙 기반 계획(priority rule-driven heuristic planning)이나 최적화 계획(optimization-based planning)으로 생산, 구매, 배송 계획을 생성하거나, 납기 확약 할당(ATP allocation)을 한다. 공급이 불가능할 경우에는 고객 납기 연기, 대체재를 제안할 수 있다. 기존 시스템이 ERP와 글로벌 납기 확약(global ATP)으로 이원화되어 실행됨으로 인해 고객 주문 충족률이나 품절로 인해 수익 감소가 있었으나, 최근 시스템이 일원화되어 주문 관리와 할당/납기 관리를 동일 레벨에서 신속한 처리가 가능하다. 또한 실시간 공급 능력을 근간으로 주문 확정뿐만 아니라 우선순위 규칙에 따라 이월 주문(back order process: BOP) 관리가 가능하다. 이와 함께 주문, 세품, 공장 및 소비지의 특성을 감안한 제품 할당(characteristics based product allocation)도 가능하게 되었다. 한편, 수요나 공급이 변경되었을 경우 어떤 변화가 있는지 What-if 분석을 하고, 주문이나 예측 수요를 충족시키지 못하게 하는 요인이 발생하면 이를 해결하려는 추적(pegging) 분석도 병행한다.

백오더(backorder): 이월 주문, 추후 납품, 밀려 있는 주문량을 뜻하는 용어이다. 판매자가 주문을 받을 당시에 재고를 가지고 있지 않아서 제조사에게 재주문을 해 상품을 받아야 하는 상황을 의미한다.

소비자 수요가 급격히 변화하는 환경에서는 단기 공급 계획의 빠른 대응이 중요하므로 집중적으로 관심을 가져야 할 분야이다.

물류가 공급망 계획과 결합될 때 어떻게 되는지 아마존을 보라

자율 차량, 증강 현실 및 3D 프린팅 등과 같은 혁신적인 기술은 공급망 실행(supply chain execution) 기능인 물류 창고 및 물류 운영의 효율성 증대를 통해 부가 가치 창출 기회를 제공하면서 미래의 공급망에 중요한 역할을 할 것이다. 기존의 조달, 운송, 창고 관리 시스템이 디지털화된 조달(procurement 4.0), 스마트 창고(smart warehousing), 자율 물류(autonomous logistics)로 기능을 달리한다.

공급망의 미래는 자체 조정되고 인공 지능은 사물을 크게 변화시킬 것이다. 아마존의 자율 주행 트럭은 이미 세계의 다른 지역에서 운행되고 있으며, 많은 물류 제공 업체가 운송 차량에 해당 트럭을 포함시킬 계획이다. 자율적인 트럭과 차량은 새로운 시대의 이동성으로 기울고 있다. 앞으로 몇 년 안에 그들은 B2B 및 B2C 시장을 위한 게임을 바꿀 것이다. 이 차량들은 임베디드 레이더 시스템, 카메라 및 센서에 의해 탐색되며 인공 지능 시스템을 통해 처리되고 분석된다. 마지막 마일(last mile)은 공급망에서 가장 복잡한 부분인데, 여기서 비효율성을 줄이고 효과적이며 안전하고 친환경적인 배송이 필요하다. 컨테이너 IoT 및 GPS 결합 기술은 컨테이너 활용도 및 리드타임을 획기적으로 향상시킨다.

로봇 프로세스 자동화(robotics process automation: RPA) 소프트웨어 봇은 재고를 모니터하고 알림을 생성하고 순서를 변경할

로봇 프로세스 자동화: 사람이 하는 인지적 비즈니스의 모든 영역을 로봇 및 소프트웨어가 대신 수행하는 자동화를 의미한다. 즉, 사람이 처리하는 단순 업무를 대신 처리해 주는 비즈니스 가상 로봇을 말하며, 사무직 관리 업무를 디지털 기술을 활용해 자동화하고, 기존의 직원들이 전략적 부가가치를 창출할 수 있는 업무에 집중할 수 있도록 하는 디지털 프로세스 혁신을 의미한다.

수 있으므로 고부가가치 기반의 요구 사항을 처리하기 위한 시간과 자원을 절약할 수 있다. RPA는 생산성을 40~60% 향상시켜 비용을 절감하는 데 효과적이며 관련된 프로세스의 성격과 관련하여 다양하게 운영될 것으로 예상된다.(8)

공급망 데이터를 분석하고 기회를 잡아라

모두들 데이터의 중요성에 대해서 이야기하고 있다. 많은 기업들이 1990년도부터 ERP를 구축하여 데이터를 축적해 놓고 있다. 이제 이 데이터를 어떻게 활용할 것인가에 관심이 집중된다.

데이터는 스마트 공급망에서 보석과 같은 것이다. 다양한 출처에서 구조화된 데이터와 비구조화된 데이터를 분석하면 중요한 통찰력과 정보를 얻을 수 있다.

스마트 공급망의 모든 활동은 주로 조직 외부의 이해관계자 및 파트너를 통해 데이터가 생성된다. 그러나 문제는 데이터의 성격에 있다. 생성된 데이터의 80%가 구조화되지 않았다. 때로는 숨겨진 데이터라고도 한다. 예를 들어, 자연 언어를 이해하거나 이미지의 물체나 패턴을 인식할 수 없기 때문에 일반적인 IT 방법으로는 분석할 수 없는 이미지와 비디오가 그 예이다.

데이터는 보물이지만 분석에 뒤쳐진 조직이 20%의 데이터만 해석하면 현재 시장 동향과 빠르게 진화하는 고객 구매 행동에 대한 충분한 정보를 제공할 수 없다. 결과적으로 운영 모델을 변형할 수 없기 때문에 경쟁 능력이 떨어진다.(9)

애버딘(Aberdeen)의 연구도 같은 결과를 시사한다. 공급망 전문가 중 20%만이 자기들이 필요한 시점에서 필요한 정보를 가질 수 있었다고 했고, 나머지 80%는 필요한 정보가 없거나 너무 늦게 받았다. 이와 같은 사실은 데이터 이용률이나 신뢰성, 적시성에 문제가 있는 것으로 판단된다.

시간이 지남에 따라 제조 기업은 가치 사슬상에 엄청난 양의 데이터가 수집되고 저장된다. 디지털화가 진행됨에 따라 그 데이터의 양(volume)이 기하급수적으로 증가할 것으로 예상된다. 데이터 소스나 형태가 다양(variety)하고 빠른(velocity) 의사 결정이 요구되기 때문에 전형적인 빅 데이터라 할 수 있다.

오늘날 제조 회사는 대부분의 정보를 비즈니스 기능별로 데이터 저장소에 저장한다. 데이터의 실제 가치는 모든 비즈니스 도메인의 데이터를 통합적으로 활용할 때 있는 것이다. 그러나 데이터 기반 조직으로 전환할 때 이것은 장애 요인이다. 클라우드를 이용할 경우 제조 회사는 저장된 모든 데이터에 실시간으로 액세스할 수 있고 회사 간 디지털 플랫폼 구현도 가능하다.

제조 기업은 비즈니스 분석을 통해서 성과를 도출해야 한다는 과중한 부담이 있다. 현장에서 발생한 데이터는 물론 기업의 내, 외부 운영 전반에 걸쳐 발생한 상호 연계된 모든 정보들을 수집하고 분석하여 최적안을 찾기 위한 데이터 기반 비즈니스 분석이 필요하게 된다.

비즈니스 분석은 실시간으로 데이터의 패턴을 식별하여 지금까지 해결할 수 없는 것처럼 보였던 비즈니스 문제에 대한 해답을 제공한다. 비즈니스 분석을 통해서 우리는 공급망상에 있는 데이터를 기업의 성과를 향상시키는 통찰력으로 변환할 수 있어야 한다. 데이터 기반 운용 효율화(data-driven operational excellence)는 높은 수준의 생산성 및 제품 품질을 달성할 것이라 예상된다.

품질 운영자가 통계적 프로세스 모델을 만들고 아웃라이어의 값을 체계적으로 분석함으로써 불량 비율을 대폭 줄인 사례도 있다. 또한 분석을 통해 제조 가치 사슬의 성과를 개선하고, 과거 데이터를 기반으로 비효율을 감지하며, 향후 최적화를 위한 신뢰할 수 있는 가설을 생성해서 완선이 새로운 통찰력을 얻을 수 있다. 최근 인메모리(in-memory) 기술의 발달로 실시간 데이터 분석이 경제적으로 가능해졌다. 향후 제조 기업은 새로운 차원의 운영 효율성을 달성하기 위해 이전보다 훨씬 더 엄격하게 데이터를 관리하고 가치 있도록 활용하게 될 것이다.

지멘스, 롤스로이스 데이터 분석은 시작에 불과하다

데이터 분석이 제조 영역에서 사용될 때는 주로 품질, 유지 보수 및 에너지 절감 영역에서 이용된다. 품질과 유지 보수에만 분석이 사용되는 것은 시작에 불과하다. 2016년 Oliver Wyman 발표에 따르면 2030년까지 제조업 디지털 전환으로 인해서 1.4조 달러 부가가치가 발생할 것으로 예상했다. 그중 70~80%가 판매에서 제품 인도(sale-to-delivery)인 전체 공급망 영역인 것으로 이해된다.

공급망 분석가가 진짜 과학자다

디지털 공급망 비즈니스 분석의 파괴력은 대단하다. 기술적 분석(descriptive analytics)은 현재 공급망상의 현황에 대한 가시성에 중점을 두고 있다. 예컨대, 현재 상품이 어디에 있는지, 특정 상품에 대한 수요가 현재 어디서 왔는지, 상품이 인도될 가능성이 있는지 여부 등이 포함된다. 여기에는 중요 경영 지표도 포함된다. 예전의 비즈니스 인텔리전스(business intelligence: BI)는 주로 중역진에게 현재 회사에 대한 상황 보고 분석용으로 사용되었다면, 이제 비즈니스 분석은 더 많은 것을 제공한다. 예를 들면, 왜 그 일이 일어났는지? 이 예측 분석(predictive analytics)은 단순히 수요 계획을 최적화하는 것 이상이다. 공급망의 물류 시설, 항로 및 모바일 자산, 재고 수준 및 예비 부품 관리 등의 전체 공급망에 걸쳐 있는 여러 가지 요소에 대해 최적화할 수 있는 능력에 중점을 두고 분석한다.

비즈니스 인텔리전스: 경영인이 전략을 세우는 데 필요한 데이터를 수집하고, 이 데이터를 가장 효율적인 방법으로 이용하여 적절한 의사 결정을 하도록 도와주며, 경영상의 다양한 위협이나 위험을 자동적으로 알려 주는 시스템이다.

규범적 분석(prescriptive analytics)으로 공급망 관리자에게 의사 결정 지원을 제공하며, 기업은 경제 지표와 같은 외부 정보를 포함하고 의사 결정 과정을 자동화하는 데 도움이 되는 자가학습 알고리즘(self-learning algorithm)을 사용할 수 있다.

예를 들면, 비용을 최소화하기 위해 공급망 최적화 방법, 또는 비용에 영향을 미치지 않고 배달 시간을 단축하는 가장 좋은 방법, 고객에게 최상의 서비스를 제공함으로써 수익을 최대화하는 방법 등이 해당된다.(9) 이것은 기업 경영진에게 조직 성과를 향상시키는 방법에 대한 핵심 통찰력을 제공한다.

공급망의 디지털화가 성숙되면 다음 단계는 분석 및 인공지능 도구를 결합하여 자율적으로 작동하는 공급망을 구축하고 수요, 공급 문제가 발생할 때 자가 치유가 가능하다. 또한 이러한 고도로 자동화된 공급망은 인지 봇, 시뮬레이션 및 추론 엔진과 같은 고급 기술을 사용하여 구매 관리 자동화로 진전이 된다.

공급망 분석에서 비교적 분석이 용이하면서 중요도가 높은 것은 예측 정확도 분석, 수요 경향 분석, 제품 추적 분석 및 운송 성과 분석 등이다. 반면에 분석이 어려우면서 중요도가 높은 것은 전 공급망 네트워크에서 노드별 안전 재고 수준과 생산량 및 구매량을 결정하는 규범적 분석이다.

디지털 스레드, 모든 정보를 연결하고 분석에 이용된다

사전에서 가상 물리 시스템(CPS)을 찾아보면 "이종 시스템들이 상호 연동되는 초연결 및 사물 인터넷 실현을 위한 기술로서 센서와 액추에이터를 갖는 물리 시스템과 이를 제어하는 컴퓨팅이 강력하게 결합된 네트워크 기반 분산 제어 시스템이다"라고 정의하고 있다. 다시 말하면 CPS는 물리적 세계와 가상 세계에 있는 자율 객체들(autonomous entities)을 네트워크로 묶어 놓은 것이라 할 수 있다. CPS는 대량의 데이터를 처리해야 하고 실물 자산을 연결하는 데도 어려움이 있다. 실물 공간에서 가상 공간으로 디지털 트윈해서 모델링하는 과정도 쉬운 일이 아니다. 또한 기존 시스템이나 인프라를 변경해야 하기 때문에 이해관계자 간의 합의를 도출하는 데도 어려움이 있다. 그럼에도 불구하고 교통, 도시, 전력, 빌딩, 의료, 농업 사회 여러 분야에서 활용되고 있다. 제조에서 CPS를 적용한 것이 가상 물리 생산 시스템(cyber-physical production systems: CPPS)이다.

제조 기업에서 공급망은 일부는 전산화되어 있고 일부는 종이 기반으로 관리되는 복합 구조로 되어 있다. 이 복합 구조로서는 조직의 경직성으로 인해 데이터 교환, 파트너와 긴밀한 관계 유지가 힘들다. 따라서 오늘날의 공급망 복잡성에 대응하지 못한다. 단 납기에 대응하고 공급 업체와 유연한 관계를 유지하고 짧은 제품 수명 주기에 대응하려면 공급망을 상황에 따라 재구성하여야 한다. 이런 공급망의 복잡성을 줄이기 위해서 기존의 조직 구조에서 혁신적인 디지털 전환을 하는 것이 아니라 우선 현재 조직의 복잡성을 관리해야 한다. 전제 조건으로 기업의 운영 모델, 프로세스 표준화, 거버넌스 구조가 미리 정의되어야 한다. 조직의 혁신적인 전환이 일어나면 제조 기업은 물리적 상품 흐름을 디지털 플랫폼과 연결하여 가상 물리적 공급망(cyber-physical supply chain)을 구축하여 복잡성을 줄일 수 있다.

가상 물리적 공급망을 구현함으로써 제조 기업은 실시간으로 상세 수준까지 상품 흐름의 가상 이미지에 액세스할 수 있다. 그리고 가상 물리적 공급망에서 디지털 기술을 활용하면 비즈니스 프로세스를 통합하고 자동화할 수 있다. 또한 공급망에 있는 물리적 프로세스를 디지털 방식으로 사상하여 공급망 전체를 가상 공간에서 자동화된 계획, 조정, 실행 및 추적을 수행할 수 있다. 이것은 제품 설계에서부터 공장 및 소비자까지 전 공급망상에 있는 전 과정을 가상 공간에서 연결되어 관리가 가능하다는 의미이다. 따라서 공급망 전체의 투명성이 향상되면 복잡성을 해결할 수 있다. 물리적 흐름의 가상 이미지를 통해 기업은 비효율성과 잠재적인 위협에 대한 공급망을 포괄적으로 분석할 수 있다. 또한 위험을 인식하고 완화하기 위해 돌발 상황의 영향을 신속하고 정확하게 시뮬레이션할 수 있다. 디지털 스레드는 이런 분석이 가능하도록 각 영역에서 필요한 정보를 제공한다.

디지털 기술은 제조 기업과 공급 업체와의 협력을 증진시키고, 회사 간 플랫폼은 조정의 복잡성을 줄이고 공동 작업 네트워크의 유연한 임시 구성을 가능하게 한다. 그리고 제조 기업은 디지털 전환으로 협업 가치 창출의 성과를 새로운 차원으로 끌어올릴 수 있다. 그렇기 때문에 가상 물리적 공급망은 역동적인 제조 시장 환경에서 경쟁 우위를 확보하기 위한 핵심 레버가 될 것이다.

참고문헌

1. Adam Mussomeli, "The rise of the digital supply network: Industry 4.0 enables the digital transformation of supply chains," Deloitte, 2016(https://www2.deloitte.com/content/dam/insights/us/articles/3465_Digital-supply-network/DUP_Digital-supply-network.pdf).
2. Kelly Thomas, "The future of supply chain management: Top trends for the next decade," jda WHITE PAPER 2016(http://www.sipotra.it/wp-content/uploads/2017/02/The-future-of-supply-chain-management.pdf).
3. SAP, "VALUE CREATION IN A DIGITAL ECONOMY Adapt or Die in a Digital World Where the Consumer is in Charge," SAP, 2015(https://www.sap.com/documents/2015/08/ea13c2a6-3a7c-0010-82c7-eda71af511fa.html).
4. Jochen Bechtold, "Digitizing Manufacturing: Ready, Set, Go!," Capgemini: IT Trends, 2014(https://www.capgemini.com/consulting-de/wp-content/uploads/sites/32/2017/08/digitizing-manufacturing_0.pdf).
5. Gunnar Ebner, "Operational Excellence through Digital in Manufacturing," Capgemini, 2013(https://www.capgemini.com/wp-content/uploads/2017/07/operational_excellence_goes_digital_29_07_final.pdf).
6. SAP, "IBP 500 control Tower," SAP, 2016.
7. Daniela Previtali, "Smart Factory Applications in Discrete Manufacturing," An Industrial Internet Consortium White Paper, 2017(https://blog.iiconsortium.org/2017/02/smart-factory-applications-in-discrete-manufacturing.html).
8. Raman Katyal, "Reimagining the Supply Chain in the Era of Intelligent Automation," Capgemini, 2017(https://www.capgemini.com/gb-en/wp-content/uploads/sites/3/2017/11/dsc_pov-21.pdf).
9. Hackett Group, "Analytics: Laying the Foundation for Supply Chain Digital Transformation," 2017. 11(https://www.thehackettgroup.com/wp-content/uploads/2017/12/hackett-analytics-supply-chain-digital-1711.pdf).

10. Capgemini, "Demand-Driven Supply Chain," 2014(https://www.capgemini.com/wp-content/uploads/2017/07/demand-driven_supply_chain_1.pdf).
11. Vidosav Majstrovic, "Cyber- Physical Manufacturing Methodlogy Aspects," Proceeding in Manufacturing System v.10, 2015.

Chapter

4 스마트 공장:
디지털 전환에 불을 붙인 스마트 공장

제4장

스마트 공장:

디지털 전환에 불을 붙인 스마트 공장

우리의 제조업 포기해야 하는가?

제조업은 우리나라에서 경제 성장의 산실이며, 숙련된 인력을 고용하는 주요 원천이기 때문에 혁신과 개발 노력의 주요 초점이 되고 있다. UNCTAD(UN Conference on Trade and Development)에 따르면, 우리나라의 제조업 세계 생산량 순위는 1970년도 41위에서 2013년도에는 5위로 빠른 상승을 하였다. 이로 인해 에너지 빈국에서 제품 수출이 외화 획득의 주요 수단이 되었다. 생산 기술은 수십 년간 정체된 생산성을 극복하고 더 많은 부가가치를 창출할 수 있었다.

UNCTAD: 선진국과 후진국 사이의 무역 불균형을 시정하고 남북문제를 해결하기 위해 설치된 국제연합(UN) 직속 기구의 하나이다.

그러나 최근에는 상황이 많이 바뀌었다. 우리의 주력 산업 수출 증가율은 갈수록 둔화되고 있다. 산업연구원에 따르면, 2000년에서 2010년까지는 수출 증가율이 10%대이었으니,

2010년부터 2017년까지 평균 수출 증가율은 2% 수준으로 곤두박질치고 있다. 이런 전례가 없는 하락 원인은 보호 무역주의 강화, 무역 분쟁, 글로벌 경쟁 심화 및 생산 기지의 해외 이전에서 기인된다. 또한 중국이 주력 산업 자체뿐만 아니라 전후방 연계를 통해 동반 성장 구조 고도화를 추진하고 있어 대외적인 여건도 우리에게 유리한 입장이 아니다. 한국은 더 이상 가격 대비 고품질이라는 가성비 전략을 지속하기 어려운 상황에 있다.

글로벌 기업들은 제품에 서비스를 결합하는 추세로 사업을 전개하고 있다. 그러나 한국은 제조업과 서비스업의 연계성이 낮고 제조업의 서비스화가 선진국 대비 낮은 수준이다. 산업연구원에 따르면, 한국 제조업의 서비스 생산 유발 계수는 주요국과 비교 시 선진국은 물론 중국, 멕시코보다 낮은 최하위 수준(한국 0.23, 프랑스 0.52, 미국 0.41, 독일 0.40, 일본 0.40, 중국 0.29, 멕시코 0.25)이다. 그리고 우리의 주력 산업을 보면 대기업 및 소수 주체에 의존하는 특성을 가지고 있으며, 대부분 소재, 핵심 부품 및 장비는 해외에 의존한다. 이와 같은 상황에서 하드웨어 제조 경쟁력은 양호하지만 소프트웨어 서비스 융합은 미흡하고 산업 생태계가 취약한 제조업 구조를 가지고 있어 수출 경쟁력에 빨간 신호등이 켜진 것이다.

각 나라에서는 제조업에서 공통적인 도전 과제를 가지고 있다. 자동화는 고용 및 불평등 문제에 상당한 불안을 야기한다. 아마존은 2012년 물류 창고 전문 로봇 생산 업체 키바 시스템즈(Kiva Systems)를 조용히 인수했다. 그로 인해 2017년 한 해에만 소매 유통업 분야 일자리 7만 6천 개를 파괴했다.(1) 아마존에서 보여 주는 예와 같이, 자동화로 인한 고용 및 불평등 문제 외에도 인구 증가와 환경 규제가 원재료 가격에 계속 영향을 미칠 것으로 예상된다. 한편, 노동 비용은 전 세계적으로 2015년에 1.9%에서 2.6%로 증가했다.(2) 그리고 제조업체들은 에너지 효율을 높이고 탄소 배출량을 줄이기 위해 정부로부터 압력을 받고 있다.

세계화가 무역 장벽 및 도시화와 같은 반응을 일으키고, 지역 경제의 성장은 저비용 지역이었던 곳에서도 현지화된 제품의 수요와 인건비 상승으로 이어지기 때문에 제조 업체는 생산 여부와 방법을 지속적으로 재조정해야 한다. 어떻게 신흥 시장에 서비스를 제공할 것인가? 제조 업체가 생산 및 공급 네트워크를 설계하는 방법에 대해 어떻게 생각해야 하는지에 변화가 일어나고 있다.(3)

제조업 자체에도 비관적인 면이 있다. 시스코 디지털 비즈니스 변환을 위한 글로벌 센터에 따르면, "제조는 비즈니스

그림 4.1 가치 사슬과 부가가치 변화(6)

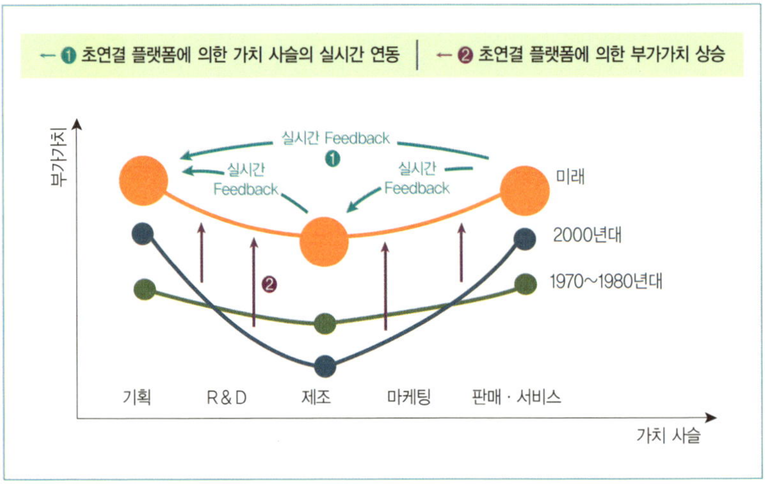

중단 가능성이 가장 높은 10개 산업 중 하나이다." 제조업이 디지털 혁명 시대에 위협을 받는 업종이라는 것이다.

범위를 좁혀 회사 내에서도 제조 부서의 가치 추락은 예고된다. 1970~1980년대에는 대량 생산을 통한 제조 분야는 1자(一字) 형태의 가치 곡선(value curve)이었다(그림 4.1 녹색 곡선 참조). 그러나 그림 4.1 파란 곡선을 보면 2000년대에는 ICT의 발전과 지식 경제의 확산으로 전체 가치 사슬상 생산 단계의 전후 과정에서 높은 가치를 창출하는 U자(스마일) 형태로 전환되었다. 기업 내 가치 사슬과 부가가치를 표현하는 스마일 곡선은 기획, 연구 개발, 제조, 판매 및 사후 서비스 가치 사슬 중 제조 부문의 부가가치가 가장 낮게 평가되고 있다.

그러나 디지털 혁명으로 가치 사슬과 부가가치에 변화가 일어나면서 스마일 커브도 형태가 바뀌고 있다. 가치 사슬 프로세스 내에 지능 정보 기술이 적용되고 정보가 공유됨에 따라(화살표 ①), 가치 사슬 전체의 부가가치가 상승하면서 제조 부문의 가치가 다시 높아지게 된다(화살표 ②).

2014년 한 해 중 2일 동안 발생된 데이터가 1910년부터 2003년까지 93년 동안 생산된 데이터보다 더 많다는 통계가 있다. 제조업에서는 그 데이터 중 1%만 활용하고 있다고 한다. 나머지 99%의 데이터를 활용하여 제조업의 부활을 이루어야 한다.

전통적으로 전력 장비, 엔진 등 산업 기기를 생산하던 회사가 제품에 센서를 부착하여 사용함으로써 발생되는 데이터를 수집, 분석하여 품질과 유지 보수 관련 서비스 사업으로 확장하여 소프트웨어 회사로 변화하겠다고 한다.

외국의 융합 기업들은 디지털을 이용한 플랫폼으로 혁신적인 비즈니스 모델을 개발하여 기존 산업의 게임을 바꾸어 놓았다. 또한 소비자는 이런 환경에서 유리한 방법으로 게임 규칙을 변화시켰다. 모든 것이 녹록치 않은 상황이다. 개별 혁신 기술을 보지 말고 혁신 기술로 야기되는 디지털 전환에 주목하면서 비즈니스 모델을 바꾸고 비즈니스 프로세스도 변화해야 한다. 변화된 비즈니스 모델과 프로세스에 의거해서 일하는 방식도 혁신적으로 바꿔야 한다.

현재 활용되고 있는 품질과 유지 보수 관련 서비스는 단지 시작에 불과하고 향후 이용 및 확장 분야가 무궁무진하다. 제조업의 디지털 전환이 절체절명의 좋은 기회라 할 수 있다.

우리 제조업도 지금 전 세계가 디지털 전환을 위한 노력을 하고 있는 시점에서 우리 실정에 맞는 전략이 필요하다. 대한민국을 이끌어 왔고 한강의 기적을 이룬 제조를 근간으로 하는 국가 디지털 전략이 절실히 요구되는 시점이다. 이것은 제조의 부가가치를 끌어올려 역U자 형태의 가치 곡선으로 제조업을 살림으로써 실현될 수 있다.

CEO의 깊은 고민거리

오늘날 디지털 파괴보다 CEO를 놀라게 하는 단어는 찾기 힘들 것 같다. 스타트업 기업의 반란이나 사업의 기초를 뒤흔드는 세계 경제까지 CEO들은 깊은 불확실성에 직면해 있다. 디지털 전환이 우리의 비즈니스 가치에 얼마나 중대한 영향을 미칠 것인지, 그렇게 함으로써 우리의 기회는 무엇이며, 변화가 얼마나 신속하게 일어나는지, 이 용어가 과대 광고가 아닌지 등 무수히 많은 엇갈린 반응은 실제로 디지털 전환이 무엇이며, 기업이 변화하는 산업 환경에 어떻게 대응해야 하는지 방향을 잡을 수 없도록 만들었다.

스마트 공장은 업무상 각 분야에 크게 영향을 미치기 때문에 혁신이 광범위할 것으로 예상되지만, 변화 속도는 소비자의 디지털 전환인 고객 경험보다 느릴 것으로 예상된다. 제조 영역은 장기적인 투자가 요구되는데, 회사는 근본적인 혼란에 관한 의사 결정에는 보수적인 경향이 있다.(5) 제조의 주요 관심사는 운영 효율화, 즉 비용 절감이기 때문에 고객 경험처럼 회사 외형을 성장시키고 수익을 내는 것보다는 우선순위를 두지 못하고 있는 실정이다.

디지털 전환을 검토하고 있는 산업 회사는 기존의 공장, 자산 및 제품을 고정 자산으로 많이 보유하고 있기 때문에 여러 가지 고민이 많다. 그들 회사는 주로 고객이나 서비스보다는 비용 절감 및 품질 향상에 관심을 둔 조직 문화를 가지고 있다. 지금까지는 임시방편적 관리로 급한 불끄기가 가치 사슬의 제조 단계에서 행했던 방식이었다. 이 방식은 디지털 전환으로 인한 변화에 어떻게 대응해야 하는지 고민이 될 수밖에 없다.

디지털 전환을 하기 위해 기업은 비즈니스 프로세스를 리엔지니어링해야 할 뿐만 아니라 플랫폼 기술을 갖추고 있어야 한다. 플랫폼이 잘 작동되려면 프로세스와 IT 아키텍처의 안정성이 필요하다. 또한 잦은 변경에도 유연성이 확보되는 일관된 핵심 프로세스 기반이어야 한다. 디지털 코어인 ERP는 실시간 실행 및 분석, 빅 데이터로 작업할 수 있는 기능 및 기간 업무(line of business: LOB)인 기획, 연구 개발, 제조, 판매 및 사후 서비스 등을 연결하는 기능을 제공한다. 기업에서 디지털 우선 사고방식을 채택하기가 쉽지 않다. 대부분의 회사에서 IT가 오버헤드(비용)로 간주되는 반면, 디지털 기업의 경우 IT는 손익(profit and loss: P&L)으로 수익 전략에 중요하다고 인식한다. 우리의 이런 사고방식 때문에 우리나라 제조업의 정보화 수준은 미흡하기 그지없다.

디지털 코어: 차별화된 비즈니스 프로세스와 다양한 데이터, 즉각적인 가시성과 통찰력 확보를 위한 융합된 트랜잭션 시스템과 분석 시스템 등으로 구성. 디지털 코어를 통한 실시간 의사 결정 시스템은 내, 외부의 다른 디지털 서비스와 강력하고 빠르게 연동되어 기업 전체의 프로세스가 과거와는 전혀 다른 속도를 내면서도 유연하게 운영할 수 있는 live business의 기반 구조를 제공한다.

새로운 비즈니스 모델로 신제품을 만들 경우 기존 제품과 병행해서 어떻게 이원화 구조로 가져가야 하는지도 고민 중 하나이다. 새로운 디지털 제품의 성공적인 출시에는 제품 관리, 운영 모델, 문화, 역량 및 기술이 기존 제품 관리 방식과 크게 다르다. 새롭게 개발되는 디지털 제품을 자체 인프라 및 운영 기능을 갖춘 독립 자회사로 운영할지, 아니면 새로운 제품을 기존 제품과 같이 운영, 관리할지 결정해야 한다.

그 외에도 다음과 같은 과제들이 산재해 있다.(6)

- 점점 더 복잡해지고 맞춤화된 제품 및 서비스에 대한 고객의 기대치 부응
- 가치 사슬을 변화시키는 '서비스로서의 생산'과 같은 비즈니스 모델 변화
- 혁신 주기 가속화 및 시장 진입 시기 단축으로 인한 급격한 변화
- 젊고 숙련된 노동력 부족
- 공장, 공급 업체로 이어지는 국경을 초월한 세계화
- 직원 교육 및 CEO 리더십

제품에 서비스 기능을 추가한 스마트한 제품뿐만 아니라 제품과 연관된 서비스 기능을 추가하는 것이다. 자세한 내용은 본장 '제품-서비스 통합 시스템'을 참조하기 바란다.

디지털 제조

연결, 연결하지만 아직도 해결해야 할 것이 너무 많다

제조업에는 사회, 경제, 경영적인 도전 과제만 있는 것이 아니고 기술적으로도 많은 도전 과제를 안고 있다. 대표적인 것이 정보 통합 문제이다.

컴퓨터 통합 생산 방식: 고객 만족 경영에 기반을 두고, 제조업의 생산 속도와 유연성(flexibility)의 향상을 목표로 '생산, 판매, 기술' 의 각 업무 기능에서 업무 자체를 단순화, 표준화, 자동화하며, 컴퓨터 네트워크로 통합하는 시스템이다.

사일로 현상: 조직 부서들이 서로 다른 부서와 담을 쌓고 내부 이익만을 추구하는 현상.

채찍 효과: 공급 사슬 관리에서 반복적으로 발생하는 문제점 중 하나로, 이것은 제품에 대한 수요 정보가 공급 사슬상의 참여 주체를 하나씩 거쳐서 전달될 때마다 계속 왜곡됨을 의미한다.

생산 실행 시스템: 기업의 생산 현장에서 작업 일정, 작업 지시, 품질 관리, 작업 실적 집계 등 제반 활동을 지원하기 위한 관리 시스템이다.

정보 기술의 세계에서 통합은 오랫동안 어려운 주제였다. 과거를 돌아보면 ERP 시절에도 가장 핵심적인 화두는 통합(integrated)이었다. ERP는 완벽하게 연결된 시스템의 탄생을 표명했지만 결코 그 기대에 부응하지 못했다. 물론 그 전의 컴퓨터 통합 생산 방식(computer integrated manufacturing: CIM)에서도 컴퓨터(computer)나 제조(manufacturing)가 문제가 아니라 통합(integrated)이 문제였다. 정보가 가시화되지 않았던 시절에는 사일로, 블랙박스 현상으로 협업보다는 분쟁이 여러 곳에서 일어났고 이것을 조정하기 위해서 인간이 중재 역할을 했다. 이후 공급망 관리에서도 채널별 정보 단절로 인해 채찍 효과(bullwhip effect)와 글로벌화가 야기되었고 공급망 네트워크는 복잡성이 증가되었다. 쌍방향 정보 전달 체계가 안 됨으로써 발생되는 문제는 기업 경영에서 다양하게 존재한다. 예를 들면, 생산 계획(manufacturing resource planning: MRP)과 생산 실행 시스템(manufacturing execution systems: MES)의 통합이나 전략 계획, 전술 계획, 실행 계획의 통합 문제가 풀기 어려운 대표적인 사례들이다.

제조 기업은 한 조립 라인에서 다양하게 요구되는 소비자의 제품을 공급하는 어려움에 직면해 있다. 부품 표준화와 프로세스가 모듈화되어 있고, 권한 위양이 현장에 주어져 있는

그림 4.2 시스템 계층 구조

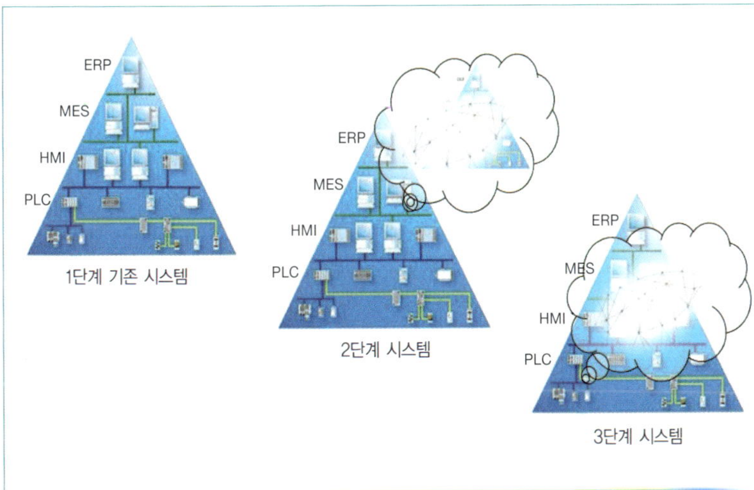

수평 구조 형태일 경우 유연성을 발휘할 수 있다. 그리고 외부, 내부 파트너와 장벽이 없이 정보 교환이 가능해야만 그에 맞게 현장 자체가 민첩성을 발휘하여 개별 맞춤화 생산도 가능하다. 그러나 기존 제조 시스템은 그림 4.2의 1단계에서 보는 것같이 계층 구조로 구성되어 있다.

미국과 독일, IIoT 세계 시장 석권을 위한 쟁탈전

제조 기업 내의 정보 기술(information technology: IT) 및 운영 기술(operations technology: OT) 부서는 공징하게 독립 기능을 기지

고 있다. 이 두 팀 간의 신뢰와 협력은 거의 이루어지지 않고 있다. IT와 OT를 통합한 것은 기회가 아니라 문제가 되는 경우가 너무 많다.

제조 시스템의 센서 및 액추에이터(actuator)는 방대한 양의 데이터를 생성하며, 프로그래머블 로직 컨트롤러(programmable logic controller: PLC), 마이크로 컨트롤러(micro-controller: MC) 또는 산업용 PC가 제어 루프의 자동화 작업을 관리하는 데 사용되고 있다. 작업 현장의 운영 기술 시스템에서 데이터를 상층의 IT 시스템으로 전송하면 IT 담당자는 ERP 및 MES와 같은 비즈니스 시스템과 보다 잘 조화되도록 도울 수 있다. 동시에 IT 팀은 공급망을 개선하고 혁신을 주도하며 중단 시간을 최소화하는 것과 같은 연결된 공장의 비전과 잠재력을 달성할 수 있다. 그러나 거기에 도달하려면 장비를 이해하고 제어하는 운영 전문가에 대한 지식과 지원이 필요하다.

액추에이터(작동기, 작동 장치): 시스템을 움직이거나 제어하는 데 쓰이는 기계 장치.

프로그래머블 로직 컨트롤러: 산업 플랜트의 자동 제어 및 감시에 사용하는 제어 장치이다. PLC는 입력을 프로그램에 의해 순차적으로 논리 처리하고 그 출력 결과를 이용해 연결된 외부 장치를 제어한다.

마이크로 컨트롤러: 집적 회로 안에 프로세서와 메모리, 입출력 버스 등 최소한의 컴퓨팅 요소를 내장한 초소형 컨트롤러.

이제 IT/OT 담당자가 제조 분야에서 디지털 비즈니스 혁신을 함께 주도해야 한다. 이러한 변화는 업계에서 일하는 정보 및 운영 전문가에게 새롭고 도전적인 과제이다.

ISA(International Society of Automation)에 따르면 전 세계의 제조업체는 통합 문제로 인한 장비 고장으로 매년 약 6,470억 달러의 손실이 발생하고 있다고 한다.(7)

지난 20년 동안 작업 현장에서 로봇, 액추에이터, 센서 및 차세대 제어 시스템에 투자함으로써 산업용 사물 인터넷(industrial internet of things: IIoT)의 기반이 마련되었다. 그러나 지금까지는 장비와 IT 시스템을 연결하는 인터넷 연결이 부족했다. OT와 IT는 수십 년 동안 동시에 발전해 왔다. 이에 따라 IIoT는 향후 산업을 변화시킬 수 있는 제조 공정 및 기술에 대해 상업적으로 이용 가능한 표준을 기반으로 한 컨버전스이다.(8) 현재 IIOT 시장의 세계 석권을 위해 미국과 독일이 힘겨루기를 하고 있는 실정이다.

산업용 사물 인터넷: 제조 산업에 IoT를 적용하는 것이다. IIoT는 이전보다 훨씬 효율적이고 훨씬 더 많은 양의 데이터를 수집하고 액세스할 수 있게 함으로써 제조에 혁명을 가져올 것이다.

그동안 ERP 도입으로 경영 전반의 정보화는 보편화되었다. 반면 생산 현장에서는 센서나 액추에이터의 가격 인하로 생산 데이터 양이 급증하고 있다. 제조 기업은 다른 가치 사슬과 비교해서 부가가치가 낮다는 생산 정보화에는 투자를 머뭇거렸다. IIOT 출현으로 데이터의 수집 및 가공은 현재도 산업 현장에서 일부 구현되어 있다고 할 수 있다. IOT는 연결성은 우수하나 자체적으로 상황 변화에 따른 인지, 판단 능력은 문제가 있다. 그래서 공정에서 수집된 데이터는 MES를 통해 수집, 가공되어 공장 운영 및 의사 결정에 사용되고 있다.

연구 및 개발에서 생산, 고객 서비스에 이르기까지 전체 가치 사슬에서 끊김 없는 데이터 진송 없이는 중단 긴 시스템

가시성을 확보할 수 없다. IIoT가 개발되면서 IT/OT 경계가 희미해지고 최근에는 그림 4.2의 2단계에서 보는 것같이 IIoT를 통해 IT와 OT 시스템의 통합을 보여 준다.

중앙집중화 or 분권화, 무엇이 연결에 적합한가?

지금까지 언급한 IT/OT 통합은 주로 현장의 정보가 MES까지 연결되는 것에 대해서 설명했지만 ERP 시스템 자체도 통합 문제는 존재한다.

ERP 내에서도 시스템은 계층 구조이다. 현장 관리(shop floor)를 하려면 기존의 중앙 집중적인 MES로는 한계가 있다. 기존 시스템의 문제 중 하나는 ERP와 MES가 한 방향 의사소통 구조라는 것이다. 양방향 정보 교환 체계가 아니다. ERP에서 생산 계획이 생산 능력과 부품 소재 가용성을 체크해서 작업 지시서가 제조 현장으로 떨어지면, 단위 시간(예: 주, 일) 범위(time bucket) 안에서 MES는 작업 순서를 정하는 상세 생산 스케줄(production detailed schedule)을 만든다. 이것은 계획 정보와 실적 정보가 분산 관리되어 생산 계획 대비 실적 등의 실시간 관리가 어려웠다. 최근 상용화된 응용 소프트웨어는 수평 구조 형태를 띠고 있어 동일 환경에서 수행이 가능하다.

둘째로 시스템이 계층 구조로 되어 있어 제조 현장에서 의사 결정 시 사용되는 정보가 제한적이다. 마케팅이나 영업, 재정 측면의 정보를 고려하여 상위 계획인 회사 목적과의 부합 여부에 대해서도 고려되어야 한다. 이것은 상위 계획과 하위 계획의 수직적인 통합을 의미한다. 이 역할은 3장에서 소개된 통합 비즈니스 계획(IBP)의 기능이기도 하다. IBP는 상, 하위 간의 계획을 통합하는 진정한 다리 역할을 충분히 할 수 있도록 사용된다. 제조 현장은 지역적으로 최적화 의사 결정을 할 수 있는 객체(agents)로 구성되어 있다. 각 객체가 자율적 판단을 할 때는 관련 데이터 연동이 필수적이다. 예를 들면, 생산 능력, 수요, 제조 원가, 시장 정보, 영업 이익, 납기일 정보로 이익이 최대화될 수 있도록 상세 생산 스케줄을 세운다. 제품 개발과 생산에 경계가 없고, 각 객체에서 발생된 정보를 보관하고, 분석을 통해서 가치 최적화(value optimization), 프로세스 최적화(process optimization) 및 운용 효율화를 추구한다. 현장의 지능화된 생산 요소들은 전체 제조 생태계와 관련해서 현재 자신의 상황과 제약 조건을 인시하고, 자율적으로 의사 결정을 내릴 수 있는 모든 정보 습득이 가능해야 한다. 계층 구조에서 정보를 서로 주고받는 것이 아니라 수평적 구조인 분권화된 생산 통제(decentralized production control) 메커니즘으로 개인 맞춤화 생산에서 발생될 수 있는 복잡성을 해결한다.

이것이 의사 결정 시 전체 밸류 체인 시각에서 바라보고 결정해야 하는 이유이고, 이렇게 하려면 ERP도 공급망 계획 기능과 연계되어 추진되어야 한다.

독일 연구 기관(Fraundhofer) 발표 자료에 의하면, 인더스트리 4.0을 검토할 때 생산 계획의 존재 여부에 대해서 심각한 고민이 있었다. 결론은 스마트 공장이 진행되더라도 당분간 계획 기능은 그대로 존재하면서 계획 및 통제를 결합하는 형태로 유지될 것으로 전망했다. 이것은 계획 주기를 짧게 하여 실행에서 일어나는 데이터(output)를 다시 계획(input)에 반영하여 오류를 감소시키고, 안전성을 향상시켜 나가는 폐쇄 피드백(closed loop feedback)으로 반영하는 단계적 접근이 불가피하다. 그림 4.2에서 제시한 것은 단계적인 접근 방법이다. 그림 4.2의 2단계는 현재 생산 계획은 유지되면서 실행 기능의 분권화가 이루어질 것으로 예상되며, 더 발전적인 단계인 그림 4.2의 3단계에서 보는 것같이 모든 오브젝트가 결합되어 자율 의사 결정, 협력화가 될 것으로 예상된다.

PWC가 기업인을 대상으로 설문 조사한 결과를 보면 다수의 기업이 5년 이내의 빠른 투자 회수를 원하고 있고 12% 효율성 향상을 기대하고 있다.(9) 공통 관심사는 통합된 MES를 통해 내부적 또는 외부적으로 공장을 연결하는 것이다.

공통 인프라를 통해 통신하기 위해 기계 및 기타 자산을 연결하는 것이 제조 디지털화의 첫 번째 단계이다. MES는 생산을 실시간으로 계획 및 제어하여 효율성, 제조 유연성 및 자산 활용도를 향상시킨다.

우리나라도 스마트 공장을 대비해서 제조 기업의 MES 3만 개 구축을 목표로 시행 중에 있다. MES 구축이 효과를 얻으려면 ERP 인프라와 통합해야 한다. 현재 국내 제조 기업의 정보화 실정은 디지털 코어인 ERP 시스템이 너무 부실하여 이에 대한 정비도 병행해야 한다.

그 이후 단계에서 기업은 내부 프로세스뿐만 아니라 전체 공급망에서도 디지털 전환이 필요하다. 공장에서는 더 나은 운영 결정을 내리기 위한 스마트 알고리즘을 이미 사용하고 있다. 인공 지능 및 데이터 분석이 디지털 공장을 주도하고 있다. 지능적인 정보 사용뿐만 아니라 공장 내부와 회사 내, 외부 생태계에서 점들을 연결하는 것은 경쟁 우위를 유지하기 위한 필수 조건일 것이다.

디지털 제조 개요

"디지털 제조는 제조 엔지니어가 제조 프로세스를 검증하고 최적화할 수 있는 강력한 가상 시뮬레이션 툴을 통해 제조 프로세스 설계, 툴 설계, 플랜트 레이아웃 및 시각화를 지원하는 통합된 제품 수명 주기 관리(PLM) 툴 세트를 의미한다." (10)

디지털 제조는 전체 제품 수명 주기의 필수 구성 요소로서 제품 및 프로세스 설계에 대한 전체론적 관점을 용이하게 한다. 그 역할은 제조 계획 수립, 상세한 프로세스 설계 및 분석을 포함한다. 또한 제어 검증, 로봇 검증, 품질 보증 및 가상 시운전(virtual commissioning)을 가능하게 한다. 물리적 구현에 앞서 가상 시운전을 통해 제조 프로세스, 생산 시스템 및 운영 리소스를 검증할 수 있다. 즉, 제품 설계와 제조 프로세스 통합으로 생산 계획과 제조 실행 시스템(MES)을 PLM과 결합하는 것이다. 이렇게 함으로써 개발과 생산의 경계가 허물어진 상황에서 신속한 제품 개발 및 생산이 가능하여 차별화 요소가 된다.

맞춤화 생산을 실현한 할리데이비슨 사례

그림 4.3은 독일 sap사에서 인더스트리 4.0을 대표하는 제

USE CASE 3 Harley-Davidson

할리데이비슨(Harley-Davidson: HD)은 미국의 모터사이클 제조 회사로 1903년에 위스콘신주 밀워키에서 윌리엄 할리(William Harley)와 아서 데이비슨(Arthur Davidson)이 설립하였다.

"Four wheels move the body. Two wheels move the soul", "수송을 파는 것이 아니라 라이프스타일과 고객 경험을 판매한다"라는 차별화 전략으로 HD는 운반 용도가 아니고 고가 모터사이클로서 타깃 고객군이 명확하다. 이를 통해 브랜드 및 고객 충성도가 높고 미국 전역에 유통망을 확보하고 있어 전략적으로 장점이 있다. 또한 팀 기반 생산성 및 개선 활동을 활발히 하여 내부 개선 활동도 꾸준히 실시했다. 그러나 2008년 서브프라임 모기지 사태 이후 고급 모터사이클 시장이 침체되었고, 경쟁 업체인 일본의 혼다, 야마하, 스즈키 등이 아시아 및 유럽 시장에서 젊은 세대의 수요 충족을 위한 스포츠 모델 확대에 따른 판매 증가로 어려움을 겪고 있었다. 이를 극복하기 위해서 HD는 개인 맞춤화 생산 방법을 도입하여 위기를 극복했다.

HD 비즈니스 프로세스 전환 노력

비즈니스 프로세스를 변환하기 위해서 HD는 별도의 조직을 구성하였다. 그 조직의 비전은, 첫째로 탁월한 고객 가치를 제공하고 HD 브랜드를 향상시키는 글로벌 엔드 투 엔드(end to end) 가치 흐름 프로세스를 만들어 HD를 지원하는 것이다. 둘째로 린(lean)하고 단순하며 지속 가능한 최고 수준의 프로세스를 만들고 관리한다. 마지막으로 회사 문화는 프로세스 사고, 표준화된 작업 및 지속적인 개선을 촉진하여 전반적인 조직의 성과를 이끌어 낸다.

소비자의 맞춤화 제품 요구는 제조 기업으로서는 도전이 아닐 수 없다. 그러나 현재 시스템이 여러 공장, 물류 창고 및 각 부서에서 제각각 운영되고 있기 때문에 복잡성이 증가하여 관리 직원은 어려움에 직면하게 된다. 이로 인해 비용이 높아지고 데이터 기반 의사 결정을 하기가 어려우므로 최선의 접근 방법은 디지털 기술을 이용하여 내, 외부 시스템을 통합하고, 프로세스를 단순화하며, 빅 데이터 분석 및 리소스를 최적화하는 것이다.

HD의 맞춤화 생산을 가능케 한 정보 시스템의 기능을 요약하면 다음과 같다.

변형 구성(variant configuration)

소비자는 영업 포털을 통해서 자기가 원하는 모델을 선택하고 모델별로 선호하는 기능, 성능, 옵션, 사양 선택이 가능하고 선택된 제품의 가격까지도 웹상에서 확인할 수 있다. 모델별로 선택 사양이 36,000개로 많을 뿐만 아니라 하나의 맞춤화 제품의 자재 명세서(bill of materials: BOM) 구조가 10레벨 이상이고 1,000개 이상의 부품으로 구성되어 있다. 이런 복잡한 자재 명세서 구조는 기준 정보를 생성하는 데만 이용되었고 제조 과정에서는 이용되지 못했다.

복잡한 제품의 제조 프로세스를 용이하게 만드는 개선된 변형 구성은 다음 특징을 가지고 있다. 첫째로 수요 계획, 영업 주문, 생산 일정 계획 수립 전에 불필요한 모든 맞춤화 제품에 대한 자재 명세서를 다 만드는 것이 아니고 모델별로 구성 프로파일을 만들어 등급별로 특징을 생성, 유지 관리를 하였다.

둘째로 고객이 주도하는 제품 기능, 옵션별 제품 모델링, 주문 프로세스에서의 모터사이클 옵션 선택이 확대되었고, 판매에서 생산까지 정보 교환이 향상되었다.

잘 관리된 변형 구성은 고객 주문 시 가격 제시나 수요 예측, 다양한 제품을 하나의 BOM(super BOM)을 형성하는 데도 이용될 뿐만 아니라, 제조 현장에서 상세 스케줄링하는 데도 하나의 공정(super routing)이 사용된다.

HD 시스템은 SAP ERP와 APO(advanced planning and optimization) 그리고 제조 실행 시스템(MES)이 사용되었고 SAP MII(manufacturing integration and intelligence)를 통해서 전사적 자원 관리(ERP)와 제조 실행 시스템을 통합하였다. SAP MII는 다양한 소스에서 가져온 데이터를 사용하여 실시간 제조 인텔리전스를 수집하여 의사 결정 프로세스를 향상시킬 수 있다. 자세한 사항은 SAP 포털에서 참조하기 바란다.

자재 명세서: 제품을 구성하는 모든 부품들에 대한 목록이다. 부품이 복잡한 요소들로 구성되어 있는 조립품인 경우에는 계층적인 구조로 작성된다.

그림 4.3 할리데이비슨 인더스트리 4.0

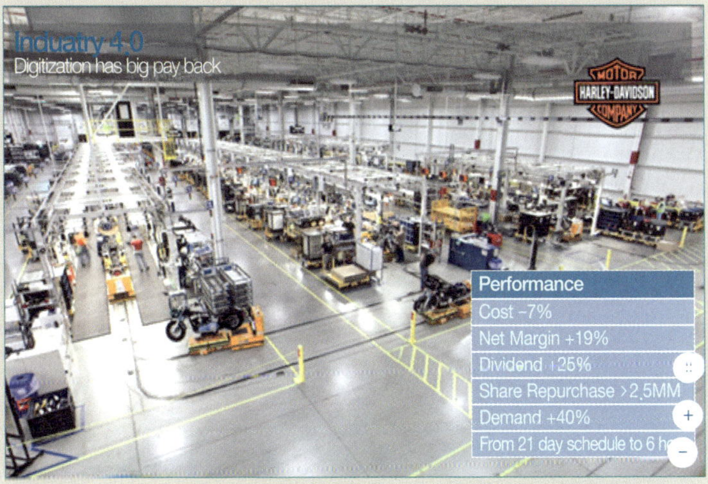

조 기업으로 발표한 할리데이비슨 회사의 맞춤화 생산 사례이다. 기대 효과를 보면 생산 비용 감소, 순이익 증가, 배당금 증가, 자사주 매입 증가, 수요 예측 정확도 향상의 성과를 나타내고 있다. 특히, 강조하는 성과는 맞춤화 제품을 요구하는 고객에게 납기일을 기존 납기인 21일에서 6시간으로 단축한 것이다. 상세한 내용은 USE CASE 3에서 살펴본 바와 같다.

니시털 제조는 USE CASE 3에서 본 할리데이비슨 사례와는 구별되는 점이 있다. 정해져 있는 다양한 부품 모듈을 결합하여 조립하는 경우는 기존 시스템으로 관리 가능하다. 디지털 제조는 제품 개발에서부터 전 과정을 맞춤화 생산하는 것이다. 그러므로 디지털 제조를 가능하게 하는 개념인 디지털 트윈과 디지털 스레드의 이해가 앞서야 한다.

디지털 트윈: 기존의 시뮬레이션 모델과 무엇이 다른가?

디지털 트윈(digital twin)은 근본적으로 비즈니스 성과를 최적화하는 데 도움이 되는 물리적 객체 또는 프로세스의 과거 및 현재 행동에 대한 디지털 프로파일로 정의될 수 있다.(6) 디지털 트윈을 통해 기업은 설계 및 개발에서 제품 수명 주기의 끝까지 제품의 완벽한 디지털 발자국을 확보할 수 있다. 이것은 디자인된 제품뿐만 아니라 시스템을 이해할 수 있게 한다.

디지털 트윈은 공장에 있는 기계와 같은 물리적 자산의 디지털 표현이다. 실제 자산에 현재 상태를 알려 주는 PLC 또는 센서를 장착하고 필요한 경우 디지털 트윈의 변경을 통해 물리적인 상태를 변경할 수 있다.

스토리지와 컴퓨팅 비용이 낮아져서 디지털 트윈을 가능하게 하는 사용 사례와 가능성이 크게 증가하여 비즈니스 가치를 창출하고 있다.

디지털 트윈이 생겨나면서 기업들은 신제품, 개선된 운

영, 결함 감소 및 새로운 비즈니스 모델을 통한 시장 출시 속도 분야에서 상당한 가치를 실현하여 수익을 창출할 수 있다. 또한 기업은 물리적 문제를 보다 빨리 감지하고 결과를 훨씬 정확하게 예측한 뒤, 보다 나은 제품을 설계 및 구축하고, 궁극적으로는 고객에게 더 나은 서비스를 제공할 수 있다.

우리는 디지털 트윈의 프로세스 측면에 관심을 가져야 한다. 디지털 트윈은 여러 차원에 걸쳐 대규모의 누적, 실시간, 실제 데이터 측정을 기반으로 한다. 이러한 측정은 시스템 성능에 대한 중요한 통찰력을 제공한다. 디지털 세계에서는 제품 설계 또는 제조 프로세스의 변경뿐만 아니라 프로세스의 발전 프로파일을 생성할 수 있다.(6)

기존의 CAD는 폐쇄된 컴퓨터 시뮬레이션 환경 하에서 캡슐화되어 있고 IOT도 단순한 구성 요소의 위치 및 진단이 가능하지만, 전체 구성 요소와 전체 수명 주기의 상호 작용을 측정하기에는 부족함이 있다. 사실 디지털 트윈의 진정한 힘은 물리적 세계와 디지털 세계 사이에 거의 실시간 관계를 제공할 수 있다는 점에서 훨씬 더 중요하다. 즉, 디지털 트윈이 제품의 실제와 디지털 세계 사이에서 실시간 상호 작용하기 때문이다. 이러한 방법은 현재 기존 방법을 통해 달성할 수 없는 근본적인 설계 및 프로세스 변경을 가능하게 한다.

표 4.1 디지털 트윈의 비즈니스 가치

비즈니스 가치 범주	세부 내용
품질	· 전반적인 품질의 향상 · 품질의 동향을 빠르게 예측 및 탐지 · 품질 이탈 방지 및 품질 문제가 발생한 시점을 결정
보증 비용과 서비스	· 현장에서 장비의 현재 구성을 이해하여 효율적으로 서비스 · 전반적인 보증 비용을 절감하고 고객 경험을 개선하기 위해 사전 예방적이고 더 정확하게 보증 및 청구 문제를 파악
운영 비용	· 제품 설계 및 엔지니어링 변경 실행 개선 · 제조 장비의 성능 향상 · 작업 공정의 변동성 감소
기록 보존 및 지속적 관리	· 리콜 및 보증 요청을 보다 효과적으로 관리하고 필수 추적 요구 사항을 충족하기 위해 직렬화된 부품 및 원료의 디지털 기록 작성
신제품 출시 비용 및 부품 조달 시간	· 신제품 출시 시기의 감소 · 신제품 생산 비용의 전반적 감소 · 장기적인 리드 타임 구성 요소 및 공급망에 미치는 영향 파악 향상
수익 성장 기회	· 현장에서 업그레이드할 준비가 된 제품 확인 · 서비스 제품에 대한 비용 및 효율성 향상

출처: Deloitte analysis.(6)

표 4.1은 딜로이트가 제공하는 디지털 트윈의 비즈니스 가치이다. 사용 영역별로 가치를 요약해서 나열하였는데, 회사에서 중점적으로 관리해야 하는 모든 것이 망라되어 있다.

디지털 스레드가 없으면 디지털 제조가 불가능하다

제조 방식의 변형을 주도하는 주요 비전 중 하나는 디지털 스레드(digital thread)의 개념이다. 디지털 스레드는 연속적이고 원활한 데이터 흐름(data stream)이다. 디지털 스레드는 설계, 엔지니어링, 제조 및 MRO(유지 보수, 수리 및 가공(maintenance, repair and operations))를 실행 및 추적하고, 제품 설계에서부터 납기까지 원활한 정보 흐름을 확립하는 데 사용되는 시스템을 연결한다. 디지털 스레드는 스마트 공장에서 수평적으로 그리고 가치 사슬 전반에 걸쳐 수직적으로 프로세스를 연결하고 향상시킨다. 디지털 스레드는 라이프사이클 전반에 걸쳐 끊김 없는 연결 데이터 흐름과 제품 또는 자산의 통합 보기를 가능하게 하는 통신 프레임워크이다. 복잡한 제조 환경에서는 올바른 정보를 적시에 적절한 장소에 제공하는 것이 모든 핵심 프로세스(제품 변경 관리, 품질 및 공급망 가시성 및 제어)에 필수적이다. 이러한 폐쇄형 루프는 전체 제품 라이프사이클에 걸쳐 데이터를 제공하고 생산 모델링이나 공급망 분석을 하여 효율성, 운영 및 유지 관리를 최적화한다.(11)

디지털 트윈은 디지털 스레드와 밀접한 관련을 가지고 있다(그림 4.4 참조). 디지털 트윈의 통찰력은 원래 디지털 스레드에서부터 데이터를 받아 분석을 수행하는데, 제품 설계 또는 제조 프로세스의 변경이 일어날 경우 향후 반복을 위해 디지털 스레드를 변경한다.

그림 4.4 디지털 트윈과 디지털 스레드의 관계

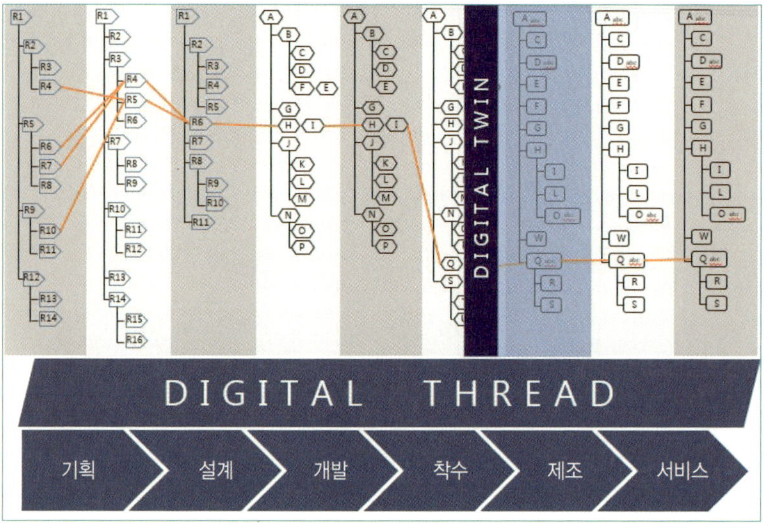

디지털 스레드는 아무것도 없는 상태에서 개발된 것이 아니고 빅 데이터 분석, IIoT 및 센서, 3D 프린팅 및 시각화, 증강 및 가상 현실, 클라우드 컴퓨팅, 로보틱스 및 MES, 제조 운영 관리(manufacturing operations management) 및 제품 수명 주기 실행(product lifecycle execution: PLE)처럼 디지털 제조와 같은 강력한 기술 융합으로 인해 발생했다. NIST(National Institute of Standards and Technology)는 최근 디지털 스레드 구현 및 기술 구현을 용이하게 하고 테스트할 수 있는 스마트 제조 시스템(smart manufacturing systems: SMS) 테스트 베드를 시작했다.(11)

NIST는 그림 4.5에서 보는 것같이 스마트 공장 생태계

그림 4.5 스마트 공장 생태계(12)

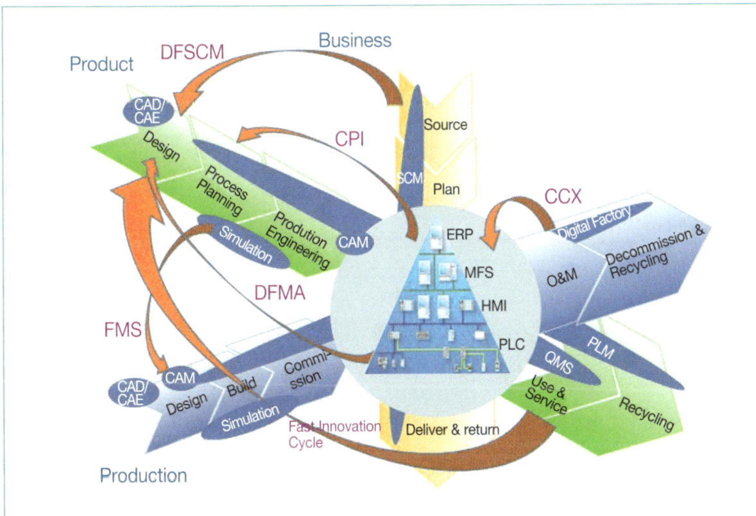

(smart manufacturing ecosystem)를 세 가지 차원인 제품(녹색), 생산 시스템(파란색), 그리고 비즈니스(오렌지색)로 바라보고 있다. 각 차원은 자체 수명 주기를 포함하고 있다.

이러한 3개 차원은 계층적 제조 시스템(그림 4.2 참조)에서 기계, 공장 및 ERP 시스템과 수직적으로 통합된다. 각 차원에서 제조 시스템을 통합하면 작업 현장에서 고급 제어가 가능하고 공장 및 기업에서 최적의 의사 결정이 가능하다. 이러한 관점과 이를 지원하는 시스템의 결합은 제조 시스템을 위한 생태계를 구성한다.

디지털 스레드, 이론적 개념이 아니라 벌써 활용되고 있다

제품 개발 과정에서 디지털 스레드가 응용되는 사례를 보자. 제품 개발은 이전에는 주로 시뮬레이션이 사용되었지만 새로운 프로세스와 기술은 현장에서의 제품 성능 및 기존 고객 요구 사항에 대한 보다 심층적인 통찰력을 가능하게 한다. 실시간으로 수집한 많은 빅 데이터를 통해 기업은 환경 요인 및 사용 패턴 분야의 여러 변수와 비교하여 제품 성능을 평가할 수 있다. 개발팀은 이 정보를 제품 업데이트에 사용할 수 있으며 제품 개발 프로세스 전반에 걸쳐 내부 및 외부 파트너 간의 협업과 공동 작업을 할 수 있다. 제품 라이프사이클의 풍부한 데이터는 이제 다양한 시스템과 소스의 정보를 결합한 제품별 데이터 스트림인 제품 디지털 스레드를 생성할 수 있다. 이 새로운 데이터 원천은 제품의 디지털 기록이다. 제품의 수명 주기를 지날 때마다 지속적으로 갱신된다.

제조 관련 정보가 클라우드 컴퓨팅, API 및 오픈 표준을 통해서 기계, 데이터 저장소 및 통합 플랫폼에 배치되고 긴밀하게 통합됨에 따라 디지털 스레드는 더욱 완벽하게 실현된다.(11) 디지털 스레드의 가장 큰 가치는 전체 가치 사슬 및 제품 수명 주기에 걸쳐 제품 구성을 관리하고 변경 관리 능력을

API(application programming interface): 응용 프로그램 개발자들이 애플리케이션을 만들 때 운영 체제에서 동작하는 프로그램을 쉽게 만들 수 있도록 화면 구성이나 프로그램 동작에 필요한 각종 함수를 모아놓은 것이다.

현저하게 향상시킨 것이다. 이러한 기능을 통해 기업은 시장 진입 시간 단축, 고객 경험 개선, 효율성과 생산성 향상 등 중요한 가치를 창출할 수 있다.

데이터 저장 및 클라우드 컴퓨팅 비용 저하에 힘입어 디지털 스레드는 고급 분석 및 기계 학습 기술과 함께 방대한 양의 데이터를 제공하여 통찰력, 예측 모델 및 시뮬레이션이 가능하도록 한다.

제조업체는 고급 3D 프린터, 3D 디자인 및 시각화 솔루션을 통해 디지털 트윈 및 제품 수명 주기 전반에서 참조되는 제품의 가상 복사본을 만들 수 있다. 디지털 트윈은 설계부터 검사 및 유지 보수에 이르기까지 모든 제조 단계의 데이터 저장소로서 디지털 스레드의 필수 구성 요소이다.

품질 관리는 디지털 스레드의 핵심 기능이다. 통합 시스템을 사용하여 전체 프로세스에서 품질을 철저히 관리하고 인력, 도구 및 기계를 인증함으로써 시간을 절약하고 낭비를 줄이며 기업의 명성을 유지한다.

PLM은 제품의 수명 주기 동안 제품에 대한 정보를 개발, 관리하는 것으로, 제품을 중심으로 객체 지향적이고 구조화된 것이다. 반면 ERP는 자원을 관리하기 위해 사용되는데, 실행 기반이며 자원 중심으로 구성되어 있다. ERP와 PLM의 아키텍처는 근본적으로 다르기 때문에 제품 수명 주기 실행(product lifecycle execution: PLE) 플랫폼 없이는 진정한 디지털 스레드가 존재할 수 없다.(11) PLE는 프로세스 실행, 프로세스 제어, 품질 보증, 추적성 및 편차 처리를 통해 가능케 한다. 통합 기술이 발달함에 따라 미래의 디지털 스레드 전망은 제품 수명 주기 관리와 공급망이 결합하는 형태로 발전될 것이다.

Industrial Internet Consortium: 산업 인터넷의 발전을 위해 2014년 3월 인텔, IBM, 시스코 등의 기업들이 함께 설립한 비영리 단체이다.

Industrial Internet Consortium(IIC)에서 발표한 자료에 의하면 디지털 스레드는 제조 업체가 직면한 2가지 중요한 문제를 해결한다.

① 기계의 비가동 중단의 주원인은 제조 공정에 숨겨져 있다. 기계를 다시 제조 환경으로 투입하려면 신중한 분석이 필요하지만, 현장 엔지니어 및 서비스 팀에서는 기본 문제를 해결하는 데 필요한 데이터와 통찰력이 부족한 경우가 많다. 디지털 스레드는 근본 원인을 이해하는 데 필요한 데이터와 분석을 제공한다.

② 반제품 및 부품은 전 세계에 분산된 여러 공급 업체에서 제공된다. 기계적 적합성 및 품질 문제와 관련된 문제는 종종 값비싼 반품 및 재작업으로 이어진다. 디지털 스레드는 공급망 전체에서 가시성을 유지할 뿐만 아

니라 변동성과 결함을 줄이고 문제가 발생했을 때 원인을 추적하는 데 도움이 된다.

가상 물리 생산 시스템(CPPS)을 활용한 생산 시스템의 제어 구조는 DEEP DIVE 3을 참조하기 바란다.

제조에 AI를 품다

인지 제조(cognitive manufacturing)는 시스템, 장비 및 프로세스 전반에 걸쳐 발생되는 데이터를 통합하여 제품 설계부터 운영 및 고객 지원에 이르기까지 전체 가치 사슬 전반에서 실행 가능한 통찰력을 이끌어 낸다. 그것은 패턴을 발견하는 것을 포함하여 사용자, 장비, 위치, 스트리밍 센서 데이터 등에 관한 공장 전체에 관한 것이다.

제조 업체는 IOT, 분석, 모바일, 협업 및 로봇과 같은 첨단 생산 기술을 활용하여 정보에 입각한 의사 결정을 내리고 조치를 취할 수 있다. 그로 인해 작업 현장 가시성 향상, 지능형 공급망 관리, 총소유 비용 절감, 효율적인 인적 자원, 향상된 수익성의 이점이 있다.

한편, 신기술의 역량은 급속도로 증가하고 있으며, 특히

IT 측면에서는 더욱 그렇다. 예를 들어, 기계 학습의 혁신으로 애플의 Siri와 IBM의 Watson의 지능이 급속히 향상되었다. 알고리즘은 이제 많은 상황에서 인간보다 더 좋고 훨씬 빠른 패턴 인식 기능을 제공한다. 통합된 소프트웨어, 하드웨어 솔루션은 사물 공간에서 혁신을 가능하게 한다. 예를 들어, 자산 유지 관리에서의 증강 현실 사용, 3D 인쇄를 사용하여 보다 강력하고 가벼운 항공 우주 부품을 제조하는 데 사용된다.(9) 기업은 인지 기능을 사용하여 디지털 방식으로 작동되는 구성 요소를 연결하고, 전체 산업 시스템의 가상 모델을 만들어 정보에 입각한 의사 결정을 내리고 조치를 취할 수 있다. 그로 인해 작업 현장 가시성 향상, 지능형 공급망 관리, 총소유 비용 절감, 효율적인 인적 자원, 수익성 증가 등의 이점이 나타나고 있다.

비즈니스 분석은 3장 스마트 공급망에서 기술되었고, 분석 영역에는 제조와 차이가 존재하나 분석 방법은 별다른 차이가 없어 구체적인 설명은 생략하였다.

디지털이 그리는 미래 공장의 모습

고도로 자동화되고 정보 집약적인 미래 공장(future of

factory)의 모습은 사람, 기계, 자산, 시스템 및 사물이 실시간으로 상호 작용하고 회사 전체에서 발생되는 방대한 정보를 기계 학습 및 인지 컴퓨팅을 통해 프로세스를 총괄적으로 분석하는 소프트웨어 및 하드웨어 통합 시스템처럼 보일 것이다.

작업자는 디지털 기술에 대해 고도로 숙련되어 있고 협력적이고 지능이 있는 기계와 함께 배우면서 작업을 한다. 이로써 인간은 안전하고 협력적인 환경에서 일하는 모습을 연상케 한다.

제조는 설계에서부터 공급망을 통한 제조, 고객 서비스 및 지원에 이르기까지 기업의 기능과 통합된다. 많은 제조 업체에서 디지털 혁명이 제공하는 기회를 활용하려면 상당한 문화적, 조직적 및 경영상의 변화가 예상된다.

정보 및 운영 기술의 급속한 변화는 대량 생산에서 대량 맞춤화로의 전환을 용이하게 한다. 미래의 공장은 변화하는 고객 및 시장 요구에 신속하고 효과적으로 대응할 수 있는 다수 사용자 정의에 맞추어 첨단 엔진이 작동되어야 한다. 그러나 이와 같은 이상적인 미래 제조 상태를 달성하는 것은 쉽지 않다. 제조 업체는 혁신 기술을 신중하게 채택하고 점차적으로 구현하면서 투자 수익 모델을 수립해야 한다. 그리고 그들은 새로운 디지털 시대의 가능성을 열망하고 때로는 혁신적인 실험을 기꺼이 해야 할 것이다.

산업 분야 및 생산된 제품 유형에 따라 제조 업체는 현지 시장을 대상으로 하는 마이크로 요소부터 가장 크고 복잡한 제품을 만들기 위해 고안된 메가 팩토리에 이르기까지 다양한 공장이 존재한다. 그러나 모든 산업 분야에서 동일한 방식으로 실행되지 않는다. 맥킨지 보고서(13)는 미래 공장의 유형을 제품의 볼륨과 가치 근원(맞춤화 또는 가격 경쟁)에 따라서 스마트 자동화 공장(smart automated plant), 고객 중심 공장(customer centric plant) 및 간편한 전자 공장(E-Plant in a box)으로 구분하였다. 본서에서는 주로 고객 중심 공장에 중점을 두고 서술하였다.

미래 공장의 모습을 전략, 인적 자원 및 제품 서비스 통합 시스템 영역으로 구분해서 서술해 보기로 한다.

고객 가까이서 소형 공장을 운영한다

오늘날 대부분의 제조 업체는 중앙 집중식 방식에서 맞춤화 제품과 다수 사용자 정의에 부응하기 위해 제품을 더 맞춤화할 수 있는 보다 수평적인 구조와 운영을 모듈화하려고 한다. 이를 위해 미래 공장은 소비자와 가까운 생산 위치에서 고객 서비스를 하려고 한다. 즉, 고객 중심과 지역 제조의 특성을 갖는다.

미래의 공장은 3D 인쇄 및 디지털 제조 기술을 사용하여 대규모 사용자 정의가 가능한 미세 공장(micro factory)을 통해 모듈화에 유리하게 작용할 것이다. 아디다스(Adidas)와 로컬 모터(Local Motors)는 3D 인쇄와 PLM 기술을 활용하여 변화하는 고객 요구 사항을 지원하면서 규모의 효율성을 유지하는 방법을 추구한다. 기업들은 네트워크화된 소규모 공장을 전 세계에 분산시켜 3D 프린터와 로봇 등의 첨단 기술을 활용해 고객이 원하는 제품을 고객 곁에서 신속히 개발, 생산하는 것이다.

미래의 공장은 효율성을 높이고 기능을 향상시키기 위해 데이터를 사용할 것이다. 이때 대용량의 다양한 데이터를 관리할 수 있는 분석 플랫폼이 작동되고 통찰력을 이끌어 내야 한다.

그러나 기술 혁신은 필수적이라고 해도 비즈니스를 운영하는 사람들과 프로세스에서 기술을 뛰어넘는 것이 필요하다. 시스코는 연결된 모든 것, 데이터+사람+프로세스 간의 상호 작용에 주의를 기울이기 위해 '만물 인터넷'(everyone of internet)이라는 용어를 만들었다. 성공을 위해서는 연결된 사물로부터 가치를 창출하기 위해 사람과 프로세스에 대한 조직의 관리를 진화시켜야 한다. SAP사도 디지털 시대의 실시간 경영을 위해서 사물, 사람과 프로세스를 결합하는 SAP Leonardo 플랫폼을 제시했다.

정말 노동자의 천국이 올 것인가?

디지털 제조를 구현한다는 것은 디지털 작업의 구축을 의미하는 것으로 노동력의 구성이 변화될 것이다. 그러므로 디지털화는 제조 업체가 인적 관리에 대해 어떻게 생각해야 하는지를 변화시키고 있다.

노동력은 디지털에 대한 이해와 첨단 기술 및 협업 기술을 필요로 한다. 또한 기업에 더 높은 수준의 효율성과 생산성을 제공하기 위해 점차 지능적인 기계와 함께 기능적으로도 교차할 수 있어야 한다.

프로그램화된 자동화 기계(automated machines)를 넘어 협업(collaborative) 및 감성(sentient) 로봇이 생산 현장에 들어와 변화가 일어나면, 제조 업체는 작업자의 수준에 따라 인력을 준비해야 한다. 이들 업체는 인력 교육은 어떻게 하며, 고용 성장에 위협을 느낀 노조와의 갈등은 어떻게 해결할 수 있는지에 대해 효과적인 우선순위 지정과 정책 혁신이 이루어져야 한다.

이것은 인적 자본 변화를 재고해야 하는 정부, 기업 및 대학에 상당한 고민을 요구할 것이다. 세계경제포럼(WEF)은 인력 재구성에 대해서 "디지털 경제는 기계와 인간이 효과적으로 함께 일할 수 있도록 끊임없이 요구하고 있다. 웨어러블 기

USE CASE 4 독일 인더스트리 4.0 시스템(Smartf IT Project)(14)

인더스트리 4.0에서 IT 시스템은 혁신 엔진이고 디지털 코어이다. SmartF-IT 프로젝트는 모든 생산 단계에서 적응형 가상 물리 IT 시스템(adaptive cyber physical IT systems)을 사용하여 통합 생산 시스템을 구현하고 계획한다. 소비재이건 자본재이건 모든 제품은 소비자 요구 사항에 따라 변하는 수요에 대응하려면 생산이나 물류 프로세스를 변경하면서 신속히 대응하여야 한다. 또한 짧은 제품 수명 주기에도 대응책을 강구해야 한다.

스마트 공장의 필수 구성 요소인 민첩성 및 다중 적응성을 구현하기 위한 SmartF-IT는 각 생산 단위 및 IT 절차에 특별히 중점을 두고 전체 생산 시스템이 높은 수준에서 실행될 수 있도록 프로세스, 제품, 장비 및 작업자의 상호 작용을 계획, 관리 및 운영한다.

스마트 공장 구현을 위한 가상 물리 생산 시스템(CPPS)의 사용은 그간의 생산 시스템 패러다임의 변화를 불러온다. 센서 및 액추에이터로 연결된 네트워크에서 중앙 집중형 계층 구조보다는 분산형 지율 구성 및 세분화된 제어로 변경을 고려해야 한다. 그뿐만 아니고 기존의 제조 장비 대체로 발생되는 비용도 다각적으로 검토되어야 한다. CPPS 조종실은 CPPS의 계획 및 통제의 복잡성을 해소하기 위해 다중 적응 프로세스와 일관된 IT 통합의 관계에서 투명성을 제공한다. 산학의 긴밀한 협조로 원하는 결과와 솔루션이 산업계의 즉각적인 요구를 충족시키고 업계의 개별 역량을 뛰어넘어 사용 및 활용할 수 있는 일반적인 모델, 방법 및 도구가 개발된다. SmartF-IT Project는 그림 4.6에서 보는 것같이 기술적인 측면의 결과 모델링, 계획, 성공 사례를 제시하는 것과 아울러 인간과 기술의 상호 작용과 협력 부분에서도 좋은 결과를 도출한다.

증강 현실 및 가상 현실 시스템을 사용하여 고급 교육을 받을 수 있어 일상적이고 반복적이며 위험한 작업을 수행하기 위해 인력에 의존하지 않아도 된다. 선진적이고 자체 구성 가능한 워크 플로우 및 가상 물리 시스템이 도입되면서 기업, 정부 및 사회는 인적 자본 전환 노력을 기울여야 할 것이다.

SmartF-IT Project는 독일연방교육연구부(BMBF) 지원을 받아 2013년 6월부터 3년 동안 사업을 수행했고, 규모는 1,200만 유로이다. DFKI는 컨소시엄 리더이며, Bosch Rexroth AG, Fortiss GmbH, Imperial-Werke oHG, PLATOS GmbH, Robert Bosch GmbH, TU Darmstadt 및 Zentrum für Mechatronik und Automatisierungstechnik gGmbH (ZeMA) 및 제휴 파트너인 BMW AG가 참여했다.

그림 4.6 독일 스마트 공장 IT 시스템(14)

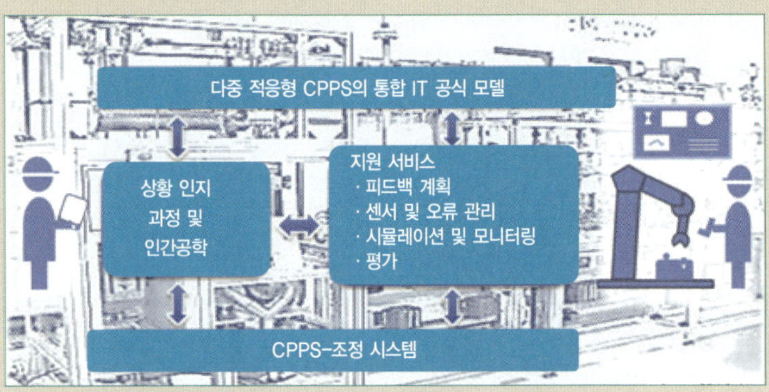

자료: http://www.smartf-it-projekt.de/?lang=en에서 정리한 것임.

기, 인터페이스 및 스마트 기기의 발전은 기술을 통해 인간의 재능을 강화할 수 있는 새로운 기회를 열어 줄 것"이라는 희망적인 견해도 있다.

독일은 작업자에 대한 어떤 시각을 가지고 있을까? USE CASE 4와 같이 스마트 공장 IT 시스템(SmartF-IT)에서 눈여겨볼 점은 작업자 노동력이 IT 모델과 필요에 따라 통합되고 적응해 나가는 구조로 되어 있다. 관련 작업자의 지속 가능한 복지에 많은 배려가 담겨 있는 것이다. 독일 정부가 인더스트리 4.0을 주장할 때 노동의 중요성을 인식하고 동시에 노동 4.0(Arbeiten 4.0)도 같이 연구하는 모습에서 다른 나라와의 차이를 발견할 수 있다.

제품 - 서비스 통합 시스템화

예전에는 제조 중심 가치 창출 구조가 핵심적인 역할을 담당했는데, 점차 가치 사슬이 연구 개발, 디자인, 마케팅 및 애프터서비스 등 서비스 기능으로 옮아가는 U자 형태의 스마일 곡선으로 변하고 있다. 이에 기존 제품이나 서비스가 '제품의 서비스화'나 '서비스의 제품화' 방향으로 변화하거나, 또는 기존에는 없던 전혀 새로운 비즈니스 모델의 노입을 통해 수명 주기 전 과정에서 제품과 서비스를 통합된 형태로 제공하는 현상이 발생하고 있다. 이같이 제품과 서비스가 통합된 형태의 시스템을 제품–서비스 통합 시스템(product service system: PSS)이라 한다.(15)

그럼 제조 환경의 어떤 변화가 회사로 하여금 서비스 중심 사고로 전환하도록 하는가? 우선, 제품만으로는 차별화가 힘들고, 둘째로 서비스 기능의 부가가치가 계속 증대하기 때문이다. 또한 변화하는 소비자는 제품 구매 시 고객 경험을 중시하기 때뮤이다.

기존 제품도 서비스 향상은 가능하나 고객과 상호 작용이 부족하여 고객 요구 사항을 계속해서 피드백하지 못하는 점이 문제이며, 자농자 생산 업제인 볼보가 고객과 상호 작용을 중

그림 4.7 제품-서비스 통합 시스템 분류(16)

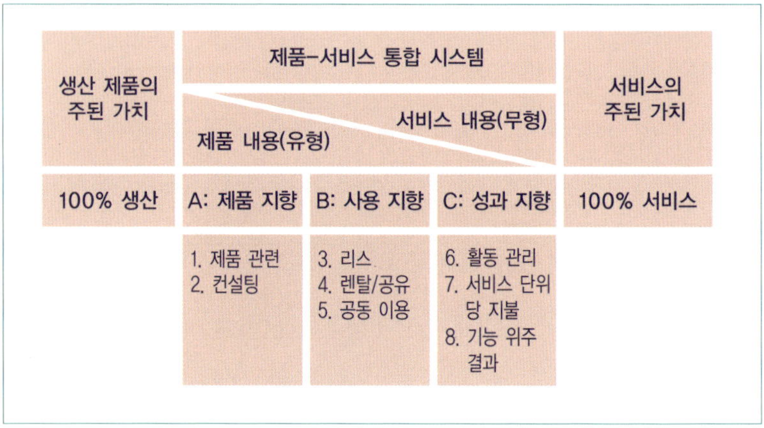

진하기 위해 그동안 딜러를 통해서 수집된 고객 요구 사항을 직접 얻으려고 자동차 회사 - 딜러 회사 - 소비자(B2B2C) 구도로 전환한 것도 눈여겨볼 만하다.

그림 4.7은 제품 서비스 통합 시스템의 여러 유형을 나타낸 것이다. 이들 유형은 크게 제품 지향 서비스(product oriented service), 사용 지향 서비스(use oriented service) 및 성과 지향 서비스(result oriented service)로 구분할 수 있다.(16)

제품 지향 서비스: 물건만 팔지 말고 서비스도 같이 팔아라

기존 제품에 서비스 기능을 추가하는 사업 모델이다. 예를 들면, 세계 최대 농기계 회사인 미국의 존디어(John Deere)의 경우, 농기계에 위치 기반 비료 살포 시스템을 부착하여 비료 공급 효율화 서비스를 제공한다. 또한 빅 데이터와 IoT를 사용해 농민들이 적시에 논과 밭에 물을 공급할 수 있도록 토양의 수분 수준을 모니터링한다. 이렇게 얻은 데이터는 농부가 수확량을 늘리는 데 도움이 되며, 토양이 최상의 상태일 때 또는 관개가 필요할 때를 알려준다. 이로 인해 운영비가 절감되고 생산량이 향상된다. 농기구만 판매하는 것이 아니라 농기계 제품 수명 주기 동안의 보수 및 서비스를 통해 수익을 얻고 있다. 2013년부터는 애그리테크(Agretech) 전문 기업을 표방하면서 인공 지능 벤처 기업인 블루 리버 테크놀로지(Blue River Technology)를 인수했다.

최근 국내에서도 스마트팜 열풍이 불고 있는데, 이것은 농업 자동화에 치중된 경향이 있다. 농부에게 정보를 제공하여 실질적인 이득이 되는 방향으로 검토할 필요가 있다. 인도에서 운영중인 플랫폼 생태계 서비스인 파살(Fasal)은 농부들, 중개상 및 기타 구매자들을 연결해 주는 시스템이다. 농부들은 자신의 핸드폰으로 들어오는 파살 정보를 통해서 가까운 시장 여러 곳에서 농산품이 얼마나 팔리는지 신속하게 알 수 있으며, 어느 시장에 농산품을 내놓아야 가장 유리한지도 알 수 있다. 물론 가격도 협상할 수 있다.(13) 국내 사례로는 지능차 회사가 자동차를 판매할 때 금융 서비스도 함께 제공하는 것 또한 제품 지향 서비스라 할 수 있다.

사용 지향 서비스: 콤프레셔 판매보다 공기 판매에 더 관심이 있다

제품을 판매하는 것이 아니고 소유권은 생산자에 있으면서 소비자가 제품을 사용하는 사업 모델이다. 정수기 회사가 기기를 장기 렌탈 서비스를 제공하고 이를 통해 고객과의 지속적인 상호 작용을 하면서 이윤을 창출한다.

독일 카이저(Kaeser Kompressoren)는 콤프레셔 제조 기업으로, 이전에는 제품 판매와 유지 보수로 인한 매출이 대부분이었으나, 시그마 에어 유틸리티(sigma air utility) 서비스를 통해 압축 공기를 판매한다.

성과 지향 서비스

생산자와 고객이 사전에 제품에 대한 가격을 결정하는 것이 아니고 서로의 노력을 통해 발생하는 성과나 이익을 배분하는 사업 모델이다. 서비스에 따라 지불하는 사업 모델이다.

제조 업체가 제품 자체 판매 차원을 넘어 더 큰 가치를 창출하기 위해 비즈니스 모델 변경 시 서비스와 관련된 결과에 대해 가격 및 요금을 책정할 수 있다. 제품에 센서를 부착하여 데이터를 수집, 분석하여 예방 보수뿐만 아니라 제품 수명 주기 프로세스를 통해 제품 개선도 가능하다. 결과 기반 서비스를 통해 기업은 제공하는 서비스의 결과를 측정할 수 있는 능력이 향상되고 수익원을 다양화하고 고객에게 더 큰 가치를 제공할 수 있다. 궁극적으로 이 모델은 합의된 제품 결과를 지불하는 고객을 기반으로 한 모델이다.

타이어 제조 업체인 미쉐린(Michelin)은 사물 인터넷을 활용하여 타이어 판매 사업에서 판매 결과(돈 환불 보장을 통한 성과 약속)로 전환했다. EFFIFUEL™은 정교한 텔레매틱스(telematics), 에코 드라이빙 기술 교육 및 최적화 타이어 관리 시스템을 포함하는 종합적인 생태계이다. 이 서비스로 100km당 2.5리터의 연료 소비 감소를 가져올 수 있고 이산화탄소 배출량도 줄일 수 있다.(17)

텔레매틱스: 무선 통신과 GPS (global positioning system) 기술이 결합되어 자동차에 위치 정보, 안전 운전, 오락, 금융 서비스, 예약 및 상품 구매 등의 다양한 이동 통신 서비스 제공을 의미한다.

롤스로이스는 싱가포르 항공사에게 시간당 엔진 유지 비용을 청구하는 'power by the hour'를 도입한 사례도 있다.

제조업이라고 플랫폼 비즈니스 못할 이유가 있는가?

IoT로 모든 사물이 연결되고 클라우드 기반으로 방대한 양의 데이터가 모아지면 실시간 분석 기능을 통해 제품은 새로운 수익원을 제공할 수 있는 다양한 서비스를 갖춘 플랫폼이 될 것이다. 이것을 가능하게 해주는 것은 디지털 트윈 및 디지털 스레드이다. 여기서 생성되는 인텔리전스 수준은 제조업체를 보다 민첩하고 유연하게 운영할 수 있도록 한다. 강력하면서도 합리적인 가격의 에지(edge) 및 클라우드 컴퓨팅 기술은 데이터를 집계, 분석 및 실행할 수 있는 저장 및 처리 기능을 제공한다. 제조의 경우에는 소형 데이터 센터의 에지에서 점점 더 많이 수행된다. 자연 언어 처리, 문제 추론, 기계 학습, 인공 지능 및 기타 기술을 결합하는 인지 분석 및 컴퓨팅 기술을 통해 제조 환경을 자체 구성하고, 자체 조정하고, 자체 최적화할 수 있다.

이러한 변화는 제조 기업의 비즈니스 모델 혁신 요소와 결합되어 플랫폼 혁명을 가속화할 것이다. 연결된 플랫폼은 차세대 제품을 위한 디지털 트윈과 고급 인지 기술을 사용하여 제품 라이프 사이클을 통해 데이터를 분석하고 얻어진 가치를 고객에게 되돌려주는 서비스가 가능할 것이다. 제조업의 플랫폼 비즈니스 실현을 못할 이유가 없다.

참고문헌

1. Scott Galloway, *The Four: The Hidden DNA of Amazon, Apple, Facebook, and Google*, Large Print, 2017. 10. 3.
2. United States Bureau of Labor Statistics, "Economic News Release: Employment Cost Index Summary."
3. A Frost & Sullivan White Paper, "MANUFACTURING LEADERSHIP COUNCIL VISION 2030: THE FACTORY OF THE FUTURE," 2017(https://www.intel.com/content/dam/www/public/us/en/documents/white-papers/factory-of-the-future-vision-2030.pdf).
4. 미래창조과학부 미래준비위원회, 「4차 산업혁명 시대의 생산과 소비」, 2017. 4.
5. IBM, "Be ready for Industry 4.0 with Cognitive Manufacturing." 2017. 2(https://www-01.ibm.com/common/ssi/cgi-bin/ssialias?htmlfid=IDM12345USEN).
6. Aaron Parrott, Lane Warshaw, "Industry 4.0 and the digital twin Manufacturing meets its match," Deloitt, 2017. 5. 12(https://www2.deloitte.com/insights/us/en/focus/industry-4-0/digital-twin-technology-smart-factory.html).
7. https://www.isa.org/standards-publications/.
8. Daniela Previtali, "Smart Factory Applications in Discrete Manufacturing," An Industrial Internet Consortium White Paper 2017(https://blog.iiconsortium.org/2017/02/smart-factory-applications-in-discrete-manufacturing.html).
9. Reinhard Geissbauser, "Digital Factories 2020 Shaping the future of manufacturing," pwc, 2017. 4(https://www.kantaremnid.de/studien/pdf/pwc-digital-factories-2020-shaping-the-future-of-manufacturing.pdf).
10. Dick Slansky, "Integrating plm with the shop floor: validating as-built to as-designed," ARC Advisory Group(http://wikifab.dimf.etsii.upm.es/wikifab/images/8/86/05DigitalManuf13.pdf).
11. Tom Hennessey, "Following the Digital Thread into the Future,"

MANUFACTURING LEADERSHIP JOURNAL, 2017(http://info.ibaset.com/hubfs/media%20coverage/Following%20the%20Digital%20Thread%20into%20the%20Future.pdf).

12. Yan Lu, K. C. Morris, Simon Frechette, "Current Standards Landscape for Smart Manufacturing Systems," NIST 2016(https://nvlpubs.nist.gov/nistpubs/ir/2016/NIST.IR.8107.pdf).

13. McKinsey Digital, "Industry 4.0 How to navigate digitization of the manufacturing sector," 2015(https://pt.scribd.com/document/369708265/Mck-Industry-40-Report).

14. DFKI GmbH, "smartf IT Project" (http://www.smartf-it-projekt.de/?lang=en).

15. Kwang-Jae Kim, "Product-Service System: Current Status and Research Issues," Journal of the Korean Institute of Industrial Engineers, Vol. 37, No. 3, 2011. 9.

16. A. Tukker, "Eight types of product service system: Eight ways to sustainability experiences from SUSPRONET," Business Strategy and the Environment, 13(4), 2014.

17. World Economic Forum, "Digital Transformation of Industries: In collaboration with Accenture," *Digital Enterprise*, 2016. 1(http://reports.weforum.org/digital-transformation/wp-content/blogs.dir/94/mp/files/pages/files/digital-enterprise-narrative-final-january-2016.pdf).

Chapter

5 디지털 플랫폼 비즈니스 모델: 디지털 전환의 미래

제5장

디지털 플랫폼 비즈니스 모델:

디지털 전환의 미래

기존의 개선 활동과 프로세스 혁신보다 비즈니스 모델로 승부하라

우리는 인터넷 혁명에서 음악, 광고 회사가 게임의 룰을 바꾸고 클라우드 컴퓨팅과 같은 인터넷 기반 비즈니스 모델로 엄청나게 성장하는 것을 보았다. 반면에 아마존에 적응하지 못한 재래식 소매 업체(brick & mortar)의 최후를 생생히 기억한다.

보스턴 컨설팅 그룹(BCG)과 비즈니스 위크(Business Week)(1)는 비즈니스 모델 혁신자와 제품 또는 프로세스 혁신자의 평균 수익률을 비교해 놓았다. 이 분석을 보면 비즈니스 모델 혁신자의 평균 수익률이 제품 또는 프로세스 혁신자보다 4배 이상 높다. 또한 비즈니스 모델 혁신자는 보다 지속 가능한 수익을 제공했고 10년이 지난 후에도 비즈니스 모델 혁신자들은 경쟁자인 제품 및 프로세스 혁신자를 계속 능가했다.

변화에 민첩하게 대응하여 새로운 비즈니스 모델로 성공한 사례들을 보자. 신체 활동을 모니터하는 스포츠웨어 업체인 나이키의 지능형 웨어러블 장치는 위성에 링크된 시계가 제공하는 정보를 받아 운동선수를 더 빠르게 만드는 프로그램을 제공한다. 나이키는 디지털 피트니스 조언자로 회사를 전환시키고 있다. 이 회사는 공유 경제, 네트워크 경제 및 IoT 개념을 결합하여 고객에게 더 나은 서비스를 제공하고 새로운 비즈니스 모델을 혁신하였다. 디지털 코어에 비즈니스를 연결함으로써 회사는 자원 최적화 및 비즈니스 혁신을 위한 플랫폼을 만들 수 있으며 유연하고 민첩한 실시간 디지털 비즈니스를 구현하였다.(2)

영국 엔진 제조 업체인 롤스로이스는 2015년 재정 압박을 벗어나기 위해 비즈니스 모델을 혁신했다. 그들은 서비스로서 성과를 확보하기 위해 새로운 엔진을 일회성 거래로 판매하는 대신 시간당 사용에 따라 판매하였다. 이는 고객의 운영 리스크를 줄일 뿐만 아니라 제조 업체의 제품 수명 주기 관리에도 상당한 이점이 있었다. 롤스로이스는 또한 엔진에서 운영 데이터를 사용하여 고객에게 제공하는 부가가치 서비스를 향상시켰다. 싱가포르 항공과 같은 고객이 데이터 분석을 통해 연료 소비를 줄일 수 있도록 계약을 맺었다. 데이터 수익 창출과 더 많은 서비스 제공에 중점을 둠으로써 2015년 회사 매출 144억 파운드 중 약 절반에 기여했다.(3)

새로운 비즈니스 모델은 제록스(XEROX)가 복사기 판매가 아니라 사용량에 따라 과금하는 방식으로 12년 연속 41% 복합 연간 성장률(CAGR)을 기록했다. 그러나 더 중요한 것은 그들의 혁신이 MBA 과정의 주제인 비즈니스 모델 혁명을 촉발시켰다.(3)

성과 중심의 비즈니스 보델을 통해 롤스로이스와 같은 제조 업체는 서비스를 중요한 수익 창출의 기회로 활용하였다. 더 똑똑한 서비스를 제공하기 위해 연결된 제품의 데이터를 활용함으로써 제조 업체는 점차 경쟁이 치열해지는 비즈니스 환경에서 앞서 나갈 수 있었다.

제조 비즈니스 모델은 더 확장되어 3D 인쇄, 로봇 임대(robots as-a-service) 및 제조 가치 사슬의 전반적인 서비스화로 가치 기반 가격 책정의 채택이 증가함에 따라 제품과 서비스 간의 경계가 흐려졌다.

제품 혁신과 비즈니스 모델 혁신이 동시에 일어나면 대박이다

애플의 성공 사례는 제품 혁신의 문제만이 아니다. 애플의 성공은 음악을 다운로드할 수 있는 실행 가능한 비즈니스 모델을 정의할 수 있었기 때문이다. 이러한 제품 혁신과 비즈니스 모델 혁신의 결합으로 원래 시장보다 약 30배 더 큰 시장을 확보하였다.

브리태니커(Britannica)는 위키피디아(Wikipedia)의 등장으로 경쟁에 직면했다. 회사의 리더는 오래된 비즈니스 모델을 방어하기보다는 K-12(초, 중등) 시장에서 핵심 고객(가정 사용자 및 교육 기관)의 요구 사항을 파악하고 품질과 교육 서비스라는 핵심 사명에 초점을 맞추었다. 이를 통해 온라인 가입 모델로 전환하였을 뿐만 아니라 교실 커리큘럼 및 학습에 대한 변화하는 요구 사항을 충족시키기 위해 새로운 관련 제품을 개발할 수 있었다. "2012년 인쇄물 발행을 중단할 때까지 인쇄물 판매량은 우리 사업의 약 1%에 불과했습니다" 라고 브리태니커 호르헤 카즈(Jorge Cauz) 회장은 이 기념일을 기념했다.(4)

인스타그램(Instagram)이 2012년 페이스북에 10억 달러에 매각될 때 종원원은 고작 13명에 회원은 3,000만이었다. 인수 이후 이 회사는 경험 공유(experience sharing) 가치를 추구하는 플랫폼으로 더 발전하여 8억 회원을 확보하였다. 이 회사는 자유자재로 사진을 전송하는 경험을 공유하는 실시간 플랫폼 비즈니스를 운영하고 있다. 디지털 카메라를 최초로 발명했음에도 불구하고 코닥은 새로운 디지털 세상으로 전환하지 못했으며, 단일 디지털 카메라가 디지털 사진을 포함한 다목적 모바일 장치로 대체되었다. 코닥을 대체하는 것은 디지털 카메라를 카메라라고 부르는 디지털 원주민, 즉 디지털 고객을 대상으로 하는 회사이다. 코닥은 30년 전에 15만 명이 고용되었는데, 지금은 마지막 남은 잔여 인원 4%로 기업을 운영하고 있다.

타이어 회사인 브리지스톤이 고속도로 정비를 하고 있다. 제조업의 서비스화는 제조 과정의 디지털화와 이를 넘어서는 신규 비즈니스 모델 창출까지 한다. 브리지스톤은 타이어의 접지 부분에서 노면 상태를 판별하는 기술인 CAIS(contact area information sensing)를 개발한 뒤 일본 홋카이도(Hokkaido, 北海道) 고속 도로 관리 업체인 넥스코 엔지니어링(Nexco Engineering)에 동계 고속 도로 노면 관리 서비스를 제공한다.

하버드 연구소에 따르면 비즈니스 모델을 자본 할당 측면에서 4가지 모형으로 구분했다. 즉, ① 사물 사산 위주의(asset builder) 모델, ② 사람 중심인(service providers) 모델, ③ 지적 자산을 근긴으로 하는(technology creators) 모델, ④ 관계 중심인(network

표 5.1 자본 할당 측면의 비즈니스 모델 유형(5)

비즈니스 모델	사례 기업
자산 생성형	포드, 월마트, 엑손, 보잉
서비스 제공형	휴마나, 에센튜어, jp모건 체이스
기술 창조형	마이크로소프트, 오라클, 메드트로닉, 파이저
연결망 설계형	이베이, 우버, 비자, 레드햇, 트립어드바이저

orchestrator) 모델이 그것이다.

이들 중 관계 중심인 네트워크 오케스트레이터 모델은 평균적으로 수익이 빠르게 성장하고 수익률도 높다. 그리고 다른 3가지 비즈니스 모델을 사용하는 회사보다 효율적으로 자산을 사용했다. 이러한 이점은 매출과 비교했을 때 기업 가치가 4배나 현격하게 높았다. 비즈니스 모델 유형별 대표 회사는 표 5.1과 같다.

앞에 언급된 연구 기관(보스턴 컨설팅과 하버드 연구소)의 분석에 따르면, 기업이 수익성을 확보하려면 프로세스 혁신보다는 범위가 넓은 비즈니스 모델을 혁신시켜야 한다. 또한 비즈니스 모델 중에는 관계 중심인 네트워크나 플랫폼 비즈니스로 혁신을 해야 한다는 결론이다.

네트워크 오케스트레이터 모델은 어떤 이점이 있을까? 첫째로, 효율적으로 공유 자산을 사용한다. 둘째로, 이 모델은 다른 자산에 비해 매우 저렴한 가격으로 확장이 가능하다. 그 이유는 제로에 가까운 비용으로 확장할 수 있는 능력인 한계 비용(marginal cost)이 현격히 낮기 때문이다. 더욱 중요한 것은 이 모델이 본질적으로 공동 창조적이고 사용자 중심적이라는 것이다. 네트워크 플랫폼에 참여한 참가자는 콘텐츠, 예술, 정보 또는 제품이든 상관없이 그 가치를 공헌한다. 이들은 소유에 대한 감각을 키우고 친밀감을 높이는 데 기여할 뿐만 아니라 참가자에게 자신의 욕구, 숙달 및 재능을 표현할 수 있는 기회를 제공한다.

디지털 파괴로부터 우리 회사는 안전한가?

2000년 이래 52%의 기업이 『포춘』(Fortune) 500대 기업에서 사라졌다. 그리고 예상치 못한 곳에서 새로운 경쟁자가 등장할 수도 있다. 기업은 변화의 신호를 감지하여 필연적으로 비즈니스 모델을 혁신해야 한다. 우선 우리 회사가 디지털 파괴 징후가 있는지 확인해 보아야 한다. 몇 개 기관이 흥미롭게도 디지털 파괴의 징후를 다음과 같이 설명하고 있다.

- 고객 경험을 위한 노력이나 혁신이 아니고 신기술을

이용하여 비용 절감에 관심을 가질 때

- 노년층 고객이 주를 이루고 있고 새로운 고객의 수가 소수일 때
- 디지털 터치 포인트가 거의 없고 인적 대면으로 서비스를 할 때
- 소비자의 만족도가 낮을 경우
- 가격 및 마진에 대한 새로운 압력이 있을 때
- 위너 독식 구조 상황
- 인재 수급이 불일치될 때
- 제품이나 서비스에 대한 저렴한 디지털 대체품이 존재할 때
- 업계의 진입 장벽이 낮아지고 있을 때
- 전통적인 매출 흐름이나 마진 침식이 가속화될 때
- 혁신보다는 비용 절감에 초점을 두고 회사 경영을 할 때

조직은 잠재적인 위협이나 기회를 나타내는 성과 지표를 지속적으로 모니터링해야 한다. 그리고 회사는 성공적인 비즈니스 모델 재창조를 고안하기 위해 지속적인 평가 방법을 사용해야 한다.

애플, 아마존처럼 경쟁이 일어나기 전에 먼저 기존 비즈니스 모델을 혼란시켜라

최근 소비자 행동을 분석해 보면, 구매 경로가 옛날과 같은 선형적인 패턴이 아니다. 다채널을 통해 막강한 파워 권한을 부여 받은 소비자의 시대에 우리는 소비자 기대에 부응하기 위한 비즈니스 모델을 어떻게 발전시킬 것인가?

경쟁이 치열한 신흥 시장은 디지털 기술을 기반으로 한 새로운 판매 및 비즈니스 모델을 기다리고 있다. 변화하는 고령화 인구 통계, 도시 인구 증가, 디지털화 및 새로운 쇼핑 환경에서 어떻게 디지털 침입자나 신생 창업 기업보다 먼저 비즈니스 모델을 신속하고 효율적으로 재설계할 수 있는가?

디지털 전환을 가속화하는 혁신 기술의 변화 속도는 엄청나서 새로운 디지털 플랫폼과 장치가 속속 등장하고 있다. 실제로 소셜 미디어 플랫폼은 인구 측면에서 세계 최대 국가를 따라잡았다. 페이스북 회원수는 중국 인구보다 많은 21억 명으로 전 세계 인구의 22%에 해당한다.

모든 것이 디지털화되는 세계에서 진정한 요구는 경쟁이 일어나기 전에 비즈니스가 혁신을 추구하여 자신의 비즈니스 모델을 혼란시킬 필요가 있다. 애플과 아마존의 예를 보사. 애플의 딜레마는 파괴적인 기술이 수익성 있는 기존 비즈니스와 직접 경쟁할 수 있으므로 고민이 되었다. 실제로 2001년 아이팟과 아이튠즈가 출시되기 수년 전에, 노키아와 소니는 비슷한 제품을 개발 중에 있었지만 기존 사업을 혼란스럽게 할까 두려워서 진행을 하지 않았다.(6) 그러나 애플은 경쟁하기 위해 스스로를 혼란에 빠뜨렸다.

아마존도 실제 종이책 판매를 희생하여 킨들 전자책 리더기를 출시했을 때 이런 일이 일어났다. 아마존은 종이책의 판매자로서 처음부터 스스로를 혼란에 빠뜨리는 용기를 가지고 기존 제품과 서비스를 끊어버렸다. 아마존의 성공은 주로 상대적으로 높은 수준의 자율성과 고객을 중심에 둔 CEO의 대담한 리더십과 혁신적인 기업 문화에 기인된다.(7)

중요한 것은 CEO의 혁신 의지이다. 아직도 늦지 않았다

이전 산업혁명에서 발생된 가치는 주로 공장의 제조 자산을 업그레이드(전환율: 80~90%)한 결과이지만, 디지털 시대에 설비 투자 업그레이드는 그 절반에도 미치지 않는다.(8) 디지털 시대는 주요 기계 업그레이드와 관련이 없는 파괴적인 기술이 생산성 향상과 새로운 비즈니스 모델을 가능하게 하고 경쟁

구도를 근본적으로 변경한다.

비즈니스 모델에 대한 끊임없는 혁신은 디지털 세계에서 지속적인 생존을 유지하는 열쇠이다. 디지털 세계에서 성공하는 것은 고객의 요구 사항, 시장의 변화를 이해하고 비즈니스 모델 및 운영 모델의 차별화 전략을 이해하는 것이 중요하다.

세상과 기업은 디지털화된다. 점점 더 많은 기업들이 소프트웨어 회사가 되고 있다. 산업이나 규모와는 무관하게 기업은 스스로를 재창조하고 비즈니스 모델을 디지털화할 수 있도록 적응해야 한다. 즉, 소비자와 직접 상호 작용하는 방식을 바꾸고, 종종 공급망에서 중개자 없이 새로운 부가가치 서비스를 제공하거나 배달 비용을 최적화함으로써 IoT 또는 디지털 기능을 통해 제품을 현명한 제품으로 만드는 것이다.(9)

제품을 잘 만드는 것을 넘어 서비스로 확대하려는 시도는 4장에서 여러 사례를 보았다. 스마트 제품 및 서비스는 우선 스마트한 제품을 만드는 것이고, 제품 판매 후 수리, 보수 및 품질 관리 등을 위하여 제품을 산업 인터넷으로 연결하고 발생되는 데이터를 분석하고 지능화된 소프트웨어로 제품이나 서비스 가치를 혁신적으로 높이는 제조 혁신이다.

혁신적인 기술도 중요하지만 최고 경영자의 사고방식 변화도 필연적이다. 기존 기업의 리더와 플랫폼 운영 기업의 리더 사이에는 사고방식의 차이가 있다. 기존 기업의 리더는 내부 지향적인 반면 플랫폼 기업의 리더는 외부 지향적인 경영을 하고 있다. 첫째로 기존 회사의 리더는 자사가 제공하는 가치에 중점을 두는 반면, 플랫폼 기업의 리더는 고객과 네트워크에서 제공하는 가치에 중점을 둔다. 둘째로 기존 기업은 제품을 고객에게 판매하는 것에 목표를 두지만 플랫폼 기업은 고객과 공동 개발 및 공유에 가치를 둔다. 마지막으로 기존 리더는 현재 충분히 능력을 발휘하고 있다고 생각하는 반면, 플랫폼 리더는 아직도 무궁무진한 잠재력이 있다고 생각하여 혁신을 게을리하지 않는다.(5)

이미 플랫폼과 스마트 제품의 운영 데이터를 모두 통제하기 위한 치열한 글로벌 경쟁이 시작되고 있다. 그러나 특정 스마트 데이터 및 스마트 서비스 전문 기술을 보유한 회사가 현재 시장을 장악하고 있는 스마트 제품 제조 업체는 소수에 불과하다. 다행스러운 것은 현실은 아직 2%만 플랫폼 기업이다. 또한 Accenture 발표에 따르면 이미 300개의 플랫폼이 존재하며, 다른 플랫폼의 개발이 급속히 가속화되고 있지만 이중 10%만 성공할 것으로 예상한다.(10) 아직 초창기이고 우리에게도 무궁한 가능성을 엿볼 수 있는 대목이다.

플랫폼 생태계

2007년 애플이 상용화 기반을 마련한 플랫폼

『하버드 비즈니스 리뷰』에 게재된 플랫폼 사례를 예로 들어 보자.(11) 2007년 휴대폰 제조 업체인 노키아, 삼성, 모터롤라, 소니에릭슨 그리고 LG 5개 업계가 이익의 90%를 장악했다. 그런데 그해 애플의 아이폰이 혜성처럼 등장해서 시장을 빠르게 집어삼켰다. 2015년에 아이폰은 세계 스마트폰 시장 이익 가운데 92%를 독식했고 기존 기업들은 1개 업체만 제외하고 모두 적자를 냈다. 과거 5개 기업이 성공한 이유는 그들이 전략적 이점을 가지고 있기 때문이다. 그것은 제품 차별화, 브랜드 가치, 선도적인 운영 시스템과 물류 관리, 보호 규제, 막대한 연구 개발 규모 등이다. 반면에 애플은 OS 시장 점유율 4%와 휴대폰 시장 점유율 0%인 초라한 성적표였다.

애플은 플랫폼의 힘을 업고 플랫폼 전략을 잘 이용함으로써 기존 업체들을 앞서갔다. 플랫폼의 대표 기업인 에어비앤비가 경쟁 기업인 기라성 같은 호텔 기업들과 경쟁하기 위해서 건물 및 숙련된 종업원을 다 소유하고 숙박업을 하면 과연 이익을 낼 수 있을까? 항공 운송 산업 업체가 각자 공항을 소유하고 운영하면서도 이익을 낼 수 있을까?

플랫폼은 생산자와 소비자들을 모아서 가치가 높은 교환이 이루어지도록 한다. 주요 자산은 정보와 상호 작용이다. 이들 기업은 기존에 있는 자산을 서로 공유하면서 사업을 한다. 에어비앤비는 자산을 공유하면서 새로운 종류의 외부 관계를 통해 관리할 수 있는 비즈니스 유형의 한 예이다.(4)

플랫폼을 정의하면 "직접적인 상호 작용을 용이하게 하여 가치를 창출하는 비즈니스"이다. 플랫폼이 성립하려면 둘 이상의 다른 종류의 이용자들 사이에 차별화된 유형이 있어야 한다.

삼성 스마트폰 앱을 사용하는 사람은 한쪽은 앱을 개발하는 자, 즉 생산자이고, 다른 한쪽은 그 앱을 사용하는 소비자로 이루어진 양면 시장이다. 이 시장에서 참여자를 연결시키는 것은 플랫폼을 소유한 구글이다. 즉, 플랫폼 소유자이다. 양쪽 집단 모두에 가치를 창출하도록 구상했다. 삼성전자는 플랫폼에 접촉이 가능한 인터페이스인 전화기를 제공하는 공급자이다(그림 5.1 참조). 고객은 단순히 받은 서비스에 대해 지불하는 것이 아니라 참여자 간의 가치를 제공하고 가치를 얻는다. 결과적으로 양쪽에 참여하는 사람 수가 증가함에 따라 플랫폼의 가치가 커진다. 이것이 네트워크 효과이며 플랫폼의 핵심 전

그림 5.1 플랫폼 생태계 참여자들(11)

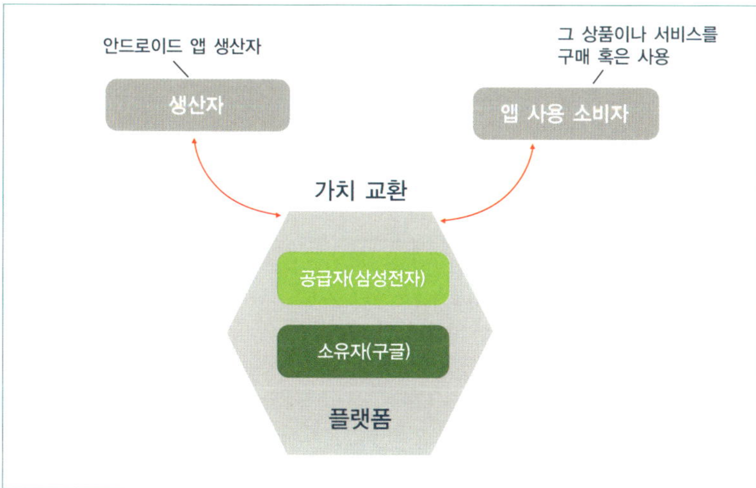

략이다.

플랫폼은 또한 참여자들이 독립성이 있어 직접 상호 작용을 해야 한다. 에어비엔비의 경우 빈방을 소유한 임대자가 나름대로 자신의 집이 안전하고 편안한 집이라는 것을 사진이나 글로서 홍보하고 자신의 프로파일을 게시하면서 고객을 유도할 수 있다. 상호 작용의 독립성이 특징이라 할 수 있다. 이런 상호 작용이 플랫폼 비즈니스를 통해서 이루어지고 촉진되어야 한다.

플랫폼의 독특한 역학 관계는 서로 다른 역할을 하고 서로 다른 종류의 가치를 공헌하고 받는 다양한 당사자들을 허나로 모으기 때문에 발생된다.

플랫폼의 핵심 기능 중 하나는 네트워크 효과이다. 고객이 더 많이 사용함에 따라 가치가 높아지는 것이다. 점점 더 많은 사용자가 동일한 유형의 사용자(예: 전화)에 대한 가치 또는 유틸리티를 증가시키면 직접 네트워크 효과가 발생한다. 플랫폼에서 이야기하는 네트워크 효과는 간접(교차) 네트워크 효과이다. 플랫폼의 한쪽에서 고객의 수와 품질이 증가하면 플랫폼 반대편에 있는 고객의 가치가 높아지는 경우가 발생한다.

에어비앤비 세입자는 선택할 수 있는 호스트를 더 보고 싶어하고, 호스트는 사이트에서 세입자를 더 많이 보고 싶어 한다. 간접적인 네트워크 효과가 양방향으로 발생할 경우, 그들은 양측의 새로운 고객이 다른 쪽의 매력을 높이면서 선순환을 유도한다.(4)

실체가 있는 플랫폼에서 실체가 없는 플랫폼으로 변신

플랫폼은 최근에 처음 생긴 것은 아니다. 기차역, 쇼핑몰, 전화, 신문 등 다양하게 있었다. 전화 통신 네트워크가 완전한 플랫폼이 아닌 이유는 사용자가 모두 동일한 유형이기 때문에 직접 네트워크 효과만 있다. 가치는 플랫폼 내에서 사람들에 의해 다양한 장소에서 다양한 방식으로 만들어지고 변경되며 교환되고 소비되어 교차 네트워크 효과가 있어야 하는데 그렇지 못하다.

플랫폼 비즈니스는 공유 자산을 이용하기 때문에 부담이 없지만 큰 수익을 창출한다. 쇼핑몰처럼 기존 방식으로 기능을 구축하고 고객이 자신의 제품을 사용하도록 유도하는 것이 아니라 고객이 서로 상호 작용하도록 하여 생태계를 구축하고 참여자들에게 가치를 창출하는 것이 기존의 플랫폼들과 다른 점이다. 가만히 있으면 저절로 참여자끼리 상호 작용이 일어나는 것이 아니다.

플랫폼은 구성 요소(component)와 규칙(rule)으로 구성되어 있다. 플랫폼의 구성 요소인 소프트웨어, 하드웨어 서비스는 중개 역할을 주로 하지만 중요한 것은 설정하는 규칙이다. 플랫폼 소유자는 생산자와 소비자 간의 상호 작용을 가능하게 하도록 개방적인 인프라를 제공하고, 이해당사자끼리 상호 교차 네트워크 효과가 일어나서 거래가 성사되고 서로 가치가 교환되도록 거버넌스 조건을 설정해야 한다. 예를 들면, 생산자는 많고 소비자가 적을 경우 소비자 측에 가격 인하라는 교차 보조 정책으로 양쪽의 거래를 활성화시킨다.

플랫폼 비즈니스는 왜 그렇게 빨리 성장하고 많은 분야에 영향을 미치고 있을까? 네트워크로 연결된 시장이 경제를 어떻게 변화시키는가?

겉으로 보기에는 아무런 상관이 없는 회사들이 플랫폼의 힘을 이용하여 서로 연결되어 산업을 완성한다. 이것은 인터넷과 연결된 사용자이다. 서비스와 상품이 공유된 경제에 연결성을 가져온 연결성의 확산이다.

디지털 혁신 기술이 플랫폼의 성장과 힘을 제공한다. 이러한 활성화 기술은 웹을 포함해서 클라우드 컴퓨팅, 응용 프로그램 인터페이스(API), 소셜 미디어 및 모바일 컴퓨팅 장치이다.

클라우드 컴퓨팅은 모든 규모의 비즈니스가 플랫폼으로 신속하고 제한 없이 확장할 수 있도록 지원하여 새로운 고객을 확보할 수 있도록 한다. 또한 클라우드 컴퓨팅은 플랫폼을 구축하고 확장하는 것을 보다 간단하고 저렴하게 함으로써 생산자와 소비자 간의 간격을 줄였다.

모바일을 이용하는 모든 고객은 언제 어디서나 플랫폼을 이용할 수 있고 접근성과 속도에 별 문제가 없다.

소셜 네트워크와 페이스북(Facebook), 구글(Google), 트위터(Twitter) 또는 Linkedln ID를 통해 고객을 인증할 수 있는 능력이 향상되면서 조그만 신생 회사도 자사 플랫폼에서 새로운 고객

을 대상으로 검증 시스템을 사용하는 것이 훨씬 쉬워졌다.(4)

전통적인 비즈니스 모델은 제품 중심적이었기 때문에 고객에게 많은 제한이 있었다. 그 제한은 접근(access), 정보(information) 및 사용(usage)으로 요약된다.(12)

플랫폼의 출현으로 연결된 고객, 제조업체 및 파트너는 언제 어디서나 서로 액세스할 수 있다. 파이프라인 모델에서 값을 생성하고 소비하는 선형 모드와 달리, 플랫폼은 소유할 필요가 없는 자원을 활용하여 거래 비용을 줄이고 파트너 커뮤니티를 통합함으로써 미개척된 경제적 능력을 발휘할 수 있다.

플랫폼은 공급자와 고객을 연결하여 API를 타사 개발자에게 공개하면서 상호 작용하고 처리할 수 있게 한다. 기존의 자원 집약적인 생산자 주도 모델에서 수요 중심의 순환 네트워크 모델로의 전환은 다양한 참여자의 협업을 통해 유연성, 확장성, 이동성 및 가용성이라는 4가지 큰 성과를 거두었다.(12)

표 5.2는 파이프라인 모델과 플랫폼 모델 차이를 정리한 것이다.

David Evans와 Richard Schmalensee(13)는 플랫폼을 중개(exchange), 거래(transaction system), 광고 미디어(ad-supported media), 하드웨어/소프트웨어 표준(hardware/software standard)이 4종류로

표 5.2 파이프라인 모델과 플랫폼 모델의 차이(11)

구분	파이프라인 모델		플랫폼 모델
자원 통제에서 자원 조정/조절로	유형 및 무형 자산(부동산 같은 유형 자산, 지적 재산권 등의 무형 자산)을 효율적으로 통제함으로써 경쟁우위를 달성	⇒	유무형 자산의 소유보다는 플랫폼에 참여하는 모든 구성원들이 만들어 내는 네트워크 그 자체
내부 최적화에서 외부 상호 작용으로	고객에게 제품/서비스가 전달되는 선형 프로세스(제품 기획→제조→영업→판매)의 구조이다. 이 구조에서는 내부 가치 사슬을 어떻게 최적화하느냐가 관건	⇒	생산자-소비자 양면의 상호 작용을 촉진하여 양면 시장을 형성/획득함으로써 새로운 고객 가치가 창출되며, 이 과정에서 플랫폼을 운영하는 소유자는 '한계 비용'을 스스로 낮춤으로써 기존 파이프라인 비즈니스의 가치 사슬을 완전히 해체함
고객 가치 중심에서 생태계 가치 중심으로	일반적으로 자원 통제를 선형 프로세스(일방향 가치 사슬) 관리를 통해 달성하고, 이 선형 프로세스의 끝단에 특정한 고객 집단이 존재하기 때문에 이 고객의 고객 생애 가치(life time value: LTV)를 높이기 위해 다양한 마케팅/판촉 이벤트를 제공	⇒	양면 또는 다면 시장(two sided market, multi sided market)적 특징을 기본적으로 가지고 있고, 플랫폼 소유자는 양면-다면에 존재하는 플랫폼 참여자들의 거래 비용을 극소화하여 생태계 전체(공급자-양면/다면에 참여하는 생산자-소비자 등 플랫폼 후원자들)의 가치를 극대화하는 데 집중

분류하였다. 표 5.3은 분류별 디지털 전후 플랫폼 사례를 소개했다. 플랫폼은 소매업에서 의료기로, 산업 자동화에서 공급망에 이르기까지 다양한 산업과 기능에 걸쳐 등장했다.

표 5.3 플랫폼의 4가지 유형(13)

유형	과거 디지털 사례	디지털 사례
교환	• 부동산 중개 • 쇼핑몰 • 나이트클럽	• 상품 시장(eBay, Etsy) • 서비스 시장(Airbnb, Uber) • 만남 주선 웹사이트(eHarmony)
거래	• 신용 카드 • 직불 카드	• 전자 결재 시스템(PayPal) • 온라인 가상 화폐(Bitcoin)
광고 미디어	• 신문(광고를 통한 보조금 또는 무료 제공) • TV 방송	• 광고가 있는 웹사이트 • 광고가 있는 소셜 네트워크
하드웨어/ 소프트웨어 표준	• 컬러 TV(RCA vs. CBS) • 비디오(VHS vs. Betamax) • 자동차 연료(diesel vs. ethanol)	• 비디오 게임 콘솔 (Xbox, PlayStation) • 모바일 운영 체제 (iOS, Android)

디지털 기능으로 한 발 더 나간 디지털 플랫폼

최근 기존 플랫폼과 비교되는 디지털 플랫폼이 있다. 디지털 플랫폼 비즈니스를 잘 실현하는 기업은 나이키, 아디다스와 언더아머이다. 나이키, 아디다스는 전자 상거래, 모바일 등을 통해서 고객을 참여시켜 원하는 상품을 대량 개인화하고 있다. 언더아머는 건강 및 체력을 연결하는 허브를 만들어서 개인 데이터를 중앙에서 저장하고 추적할 수 있다. 이들 회사는 고객, 파트너 및 공급 업체 모두를 플랫폼에 연결하여 생태계를 구축하고 있다. 데이터와 응용 소프트웨어를 최대한 이용해서 플랫폼에 고객이 머물 수 있게 하는 능력을 가진 경쟁력 있는 회사들이다.

이 새로운 비즈니스 모델의 특성은 무엇일까?

고객의 기대에 대처하기 위해서 외부적으로는 생태계 참여자들 사이에서 실시간으로 발생하는 일들을 신속히 처리, 협력한다. 내부적으로는 제품 개발과 생산 운영 시스템 그리고 공급망을 연동시켜 고객 요구 조건인 로트 크기 1을 제공한다.

이 새로운 유형의 비즈니스 모델로의 전환은 비즈니스, 디지털 및 IT 요구 사항을 근본적으로 다른 기술 아키텍처(시간이 지나면서 진화할 수 있도록 동적이어야 하는 아키텍처)를 필요로 한다. 또한 조직이 보다 지능적이고 민첩하게 대응할 수 있는 엔진이 되어야 하며 고객 및 파트너와 즉시 실시간으로 연결할 수 있어야 한다. 인터내셔널 데이터 코퍼레이션(international data corporation: IDC)은 이 동적 아키텍처가 엔터프라이즈 디지털 플랫폼(enterprise digital platform)이라고 정의한다. 디지털 플랫폼은 어떤 IT 아키텍처로 구성되며 실시간 비즈니스를 구동하려면 어떤 역할이 필요한지에 대한 자세한 내용은 DEEP DIVE 4를 참조해 주기 바란다.(14)

인터내셔널 데이터 코퍼레이션: 미국의 IT 및 통신, 컨슈머 테크놀로지 부문 시장 조사 및 컨설팅 기관으로 테크놀로지 부문의 미디어 및 리서치, 이벤트 그룹인 IDG의 자회사이다. 1964년 설립 이후 전 세계 110여 개 국가에 1,100명 이상의 시장 분석 전문가를 두고 있다.

디지털 플랫폼을 통한 비즈니스 중심 체제로 협력 업체,

공급 업체, 수요자 사이에 디지털 프로세스를 공유하고 디지털 역량을 강화한다. 인공 지능도 플랫폼을 편리하게 사용할 수 있도록 가세한다. 인공 지능의 기능을 활용한 대표적인 서비스로 디지털 큐레이션이 존재한다. 인공 지능은 디지털 플랫폼의 비즈니스 측면에서 타 영역과 시너지 효과를 내어 거래 비용(탐색 및 공통 비용) 감소와 품질 악화 방지 기능을 수행한다. 특히, 인공 지능은 필터링, 디지털 큐레이션 등에 활용되어 효율적인 디지털 플랫폼 구축 및 운영에 필수적이다.(15)

디지털 플랫폼에는 소셜, 모바일, 분석 및 클라우드는 물론 콘텐츠 관리 및 프로세스 도구가 포함된다. 이러한 모든 도구를 포괄적인 방법으로 연결하면 디지털 엔터프라이즈에 내부적으로나 외부적으로 네트워크 효과를 제공할 수 있다.(16)

생태계: 플랫폼의 우군을 만나다

우리는 1장에서 세계 10대 기업들이 플랫폼 생태계를 통해서 획기적인 혁신과 파괴적인 성장을 하는 새로운 물결을 보았다. 그 회사들은 플랫폼 기반 생태계의 네트워크 효과를 이해하고 자신의 성공이 플랫폼 기반 생태계의 성공에 달려 있음을 인식하였다. 이들은 네트워크를 활용하여 빠르고 경제적인 방법으로 지속 가능한 성장을 도모할 수 있었다.

생태계는 "상호 이익이 되는 관계를 활용하는 시스템 또는 단체의 그룹"으로 정의될 수 있다.

플랫폼은 운영 효율성, 확장성, 혁신성 및 향상된 고객 경험과 같은 중요한 이점을 제공한다. 이를 위해서는 ① 개방적인 문화, ② 협업에 적합한 비즈니스 프로세스, ③ 커뮤니케이션 협업, ④ 기술(서비스 지향 아키텍처: SOA, API, 소셜 네트워크, 인프라 및 보안) 같은 새로운 비즈니스 요건이 요구된다. 플랫폼이 산업을 상호 연결된 생태계로 재구성함에 따라 업계 경계가 급격히 줄어들 것이라고 예상되며, 기업들은 이미 이러한 변화를 인식하고 있다. 즉, 자체적으로 생태계를 만들고, 다른 사람들과 합류하거나 파트너 관계를 맺을 것이다.

Service Oriented Architecture: 전통적 프로그램 중심 설계 및 개발 방식에서 업무 수행 절차 자체를 서비스라는 관점에서 업무 처리의 정보를 재활용 가능한 단위로 설계/개발함으로써 서비스 변경이나 업무 수행 절차의 변화 등을 정보 체계로 통합하는 방법을 효율적이고 신속하게 반영하는 정보화 패러다임이다.

IDC에 따르면 디지털 변환의 성숙 단계에 되면 "조직과 고객 간의 연결성이 높아짐에 따라 기업이 배포하는 기술과 프로세스가 고객과 밀접하게 연결되는 시대로 접어들게 되어 경쟁사, 파트너, 규제 기관 등의 내부 운영과 외부 생태계의 경계가 급속히 사라진다"라고 설명했다.

이는 제품이 원료부터 제조, 물류 및 소매를 통한 직선형 가치 사슬에서 벗어나 생태계에 참여하기 시작하면 가치를 창출하고 분배하는 방식도 바뀌게 된다. 생태계에서는 각 기업이 전체 시스템과 관계를 맺으면서 가치를 실현한다. 생태계에서 소비자, 생산자, 파트너 및 경쟁자 등은 제품 및 서비스에 대한 정보를 제공한다. 그리고 클라우드 소싱, 커뮤니티 및 네트워크를 통해 고객을 비롯한 다양한 이해관계자가 제품 및 마케팅 디자인에 쉽게 참여할 수 있다. 이로써 각 기업은 새로운 생태계에 진입할 수 있다.

디지털 생태계 육성 및 관리는 적절한 요소 기술을 선택하는 것보다 훨씬 더 중요하다. 생태계 모델은 사용자에게 더 큰 가치가 돌아가도록 설계되고 품질 서비스가 보장되어야 한다. 생태계는 디지털 플랫폼을 통해 상품, 서비스 또는 가치를 디지털화하여 집계, 거래 및 공유한다. 플랫폼 소유자는 이 점을 고려하여 완벽한 비즈니스 모델을 만들어야 한다. 그런데 생태계 참여자 모두에게 만족하는 가치를 주기에는 쉬운 일만은 아니다. 이를 위해서는 참여 조직에서 문화 및 인센티브를 변경해야 한다. 플랫폼 소유자는 참가를 위한 비즈니스 규칙을 설정해야 하며, 참여를 유도하는 인센티브를 유지하면서 참가자의 올바른 행동을 보장해야 한다. 이것이 플랫폼 소유자의 고유 기술이자 차별화 요소이다.

그림 5.2는 Accenture가 제시하는 생태계 비즈니스 모델의 3가지 구성 요소이다.(10)

그림 5.2 생태계 비즈니스 모델의 구성 요소(10)

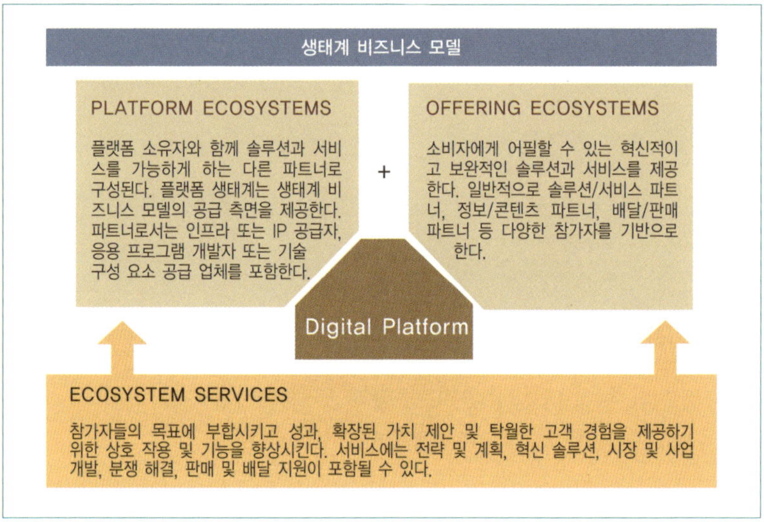

Accenture는 기업이 디지털 생태계를 운영, 유지하기 위해 자사의 운영 모델을 변경해야 한다고 한다. 기존 운영 모델을 재구성할 때 비즈니스 리더는 기업의 개방성, 속도 및 규모, 지적 재산 보호, 디지털 플랫폼 사용 및 사람들의 준비 상태 등을 고려해야 한다.(17)

개방형 혁신: 해커가 쓰러져 가는 레고를 살렸다

애들을 키우는 가정에서는 아직도 버리기에는 아깝고 추억이 깃들어 있는 레고 블록이 창고에 보관되어 있을 것으로 생각된다. 잘 나가던 덴마크의 글로벌 완구 기업 레고(Lego)가 저출산 시대로 접어들고, 디지털 게임이 급부상하자 2004년 위기에 직면한다. 이를 극복하기 위해서 MIT와 공동 개발한 레고 블록, 센서, 모터 등을 조합해 만든 로봇을 개인용 컴퓨터와 연결해 프로그래밍할 수 있게 만든 제품이 마인드스톰(Mindstorms)이다. 초창기에는 소수 마니아에게 아주 인기가 있었으나 시장 확산 속도는 기대 이하이었는데, 뜻밖의 기회가 찾아왔다. 2005년에 한 사용자가 마인드스톰을 해킹해 임의로 변경한 마인드스톰 제어 프로그램을 인터넷상에 유포하는 사건이 발생한 것이나. 레고는 해킹에 대한 법적 조치 대신 소스코드를 무료로 공개하면서 개방형 혁신 개념을 도입하여 마인드스톰이 다양한 모습으로 재탄생하게 되는 결과를 가져왔다.

레고 소속 디자이너는 180명에 불과하였지만 디지털 디자이너 프로그램을 통해서 외부의 자발적인 아마추어 디자이너 12만 명을 확보하는 효과를 냈다. 또 레고는 성인 레고 팬들로 구성된 20만 명 이상의 AFOL(Adult Fans of LEGO) 중 약 100명을 '레고 앰배서더'로 지명하고 이 중 12명은 'LEGO Certified Professional'로 선발해 의견을 청취하고 반영하는 프로세스를 추진했다. 이를 통해 세계 많은 엔지니어가 무급에도 마인드스톰의 구동 프로그램 개발에 자발적으로 참여했다. 레고는 이런 다양한 개방형 혁신을 통해 2005년 흑자 전환에 성공했고, 지난 10년간(2004~2014년) 매출은 기존 대비 5배로 확대되는 성과를 이루었다.(18)

중국 기업들도 개방형 혁신에 사활을 걸고 있다. 하이어(Haier)는 세계 최대 백색 제품 제조 업체이다. 이 회사는 공급 업체 및 기타 고객과 새로운 비즈니스 기회를 모색하는 개방형 혁신 생태계인 커뮤니티 관리 시스템(HOPE)을 구축했다. 또한 저가 안드로이드 스마트폰의 대명사인 샤오미(Xiaomi)는 기업 내부의 멘토링, 협력 및 자유분방한 분위기를 조성하여 기업가적 문화를 장려한다. 외부로는 직원들이 매일 30분씩 고객과 소통해야 한다. 샤오미는 피어 투 피어(peer-to-peer) 고객 서비스 플랫폼을 구축했다. 그로 인해 매출 증가와 시장 가치가 현격히 증가했다.

개방형 혁신(open innovation)은 2003년 미국 버클리 대학의 헨리 체스브로(Henry Chesbrough) 교수가 제시한 개념으로 "기업이 연구, 개발, 상업화 과정에서 기업 내부 자원을 외부에 공개, 공유하면서 혁신을 위해 필요로 하는 기술과 아이디어를 기업 외부의 대학, 연구소 혹은 다른 기업에서 끌어오는 방법"이다. 특징은 내부 자원을 외부와 공유하면서 새로운 제품이나 서비스를 만들어 내는 것을 의미한다.

개방형 혁신은 오늘날 성공적인 디지털 비즈니스의 중요한 특징 중 하나이다. 디지털 비즈니스는 많은 파트너와 협력하여 개방형 소프트웨어 및 지적 재산을 활용하는 반면, 그렇지 못한 회사는 내부 연구 및 개발에 의존하여 혁신을 주도한다. 제품 혁신을 위해 협력 업체가 선호하는 파트너의 생태계를 육성하려면 파트너 적응 프로그램, API 관리 및 혁신 수명주기 관리에 대한 강력한 역량이 필요하다. 조직이 내부 혁신 프로세스를 통해 외부 자산을 식별하고 통합할 수 있는 역량을 확보해야 하기 때문에 이 프로세스에는 의사 결정을 위한 거버넌스와 관리 의사 결정 프로세스가 필요하다.

기업은 생태계 고려 시 기업 혁신과 클라우드 기술을 고려하여야 한다. 기업 혁신은 비즈니스 프로세스를 자동화하는 것 이상의 의미를 지닌다. 직원과 고객이 모두 같은 테이블에 앉아서 비즈니스 프로세스를 완전히 변화시키는 경험을 만드는 방법을 공동으로 만들고 명확하고 구체적인 초점에 동의하는 전략을 세워야 한다. 전략은 ROI와 약속이 동등하게 공유될 것이라는 확신을 모든 사람에게 줄 수 있는 공유 결과를 정의해야 한다. 이것이 회사의 차별화를 가능하게 한다. 회사, 고객 및 운영을 주도함으로써 변화를 촉진하고 전사적 차원에서 가치를 창출할 수 있다. 이 전사 차원의 혁신을 이룰 경우에만 수

요를 창출하고 충성도를 높이고 장기적인 경쟁 우위를 이끌어 낼 수 있다.(19)

디지털 플랫폼 비즈니스 모델

고객 경험과 생태계가 핵심이다

모든 산업 분야에서 기업이 가질 수 있는 기회는 최종 고객에 대한 경험을 향상시키는 것과 제품 및 서비스 제공의 폭을 넓히는 두 가지 중요한 측면에서 발생한다. 디지털화가 계속됨에 따라 최종 고객은 점점 더 자신들이 좋아하는 것과 필요로 하는 것을 기대할 것이다. 여기에 부응하여 제품과 서비스가 타사보다 차별화되든, 아니면 광범위한 공급 기반을 갖춘 비즈니스 모델로 변화하여야 한다. 그렇지 않으면 기업이 만들어 낸 모든 가치를 잃을 위험이 있다.

2018년 『하버드 비즈니스 리뷰』에서 피터 웨일과 스테파니 워너(Weill and Woerner)는 "디지털 전환은 기술에 관한 것이 아니라 변화에 관한 것이고, 새로운 비즈니스 모델을 생각할 때"라고 언급하면서 디지털 비즈니스 모델을 제시했다(그림

그림 5.3 디지털 비즈니스 모델(20)

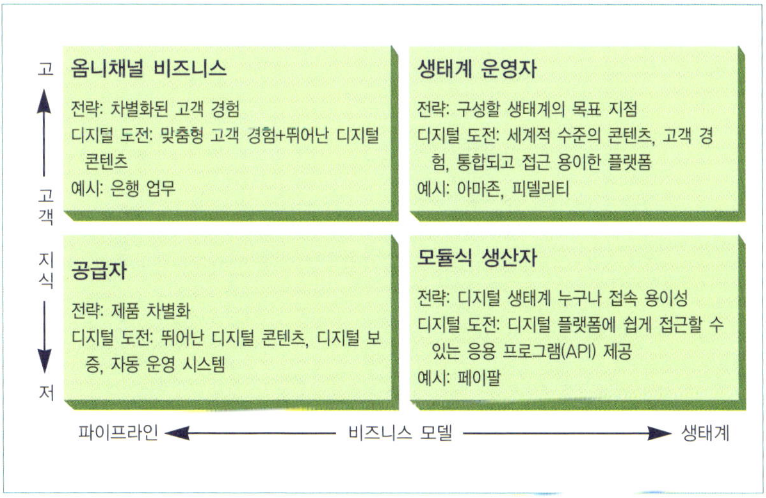

5.3 참조). 새로운 디지털 비즈니스 모델은 크게 두 가지 유형의 변환 목표로 구성된다. 첫째는 최종 고객 지식 향상이고, 둘째는 디지털 생태계의 운영 증가이다. 그들의 연구에 따르면 디지털화는 비즈니스 모델을 통제된 가치 사슬에서 좀 더 복잡한 네트워크 시스템으로 옮기고, 고객의 요구를 잘 이해하고 탁월한 고객 참여를 유도한다고 언급했다.

이 두 가지 목표는 공급자(supplier), 옴니채널(omnichannel) 비즈니스, 생태계 운영자(ecosystem driver) 및 모듈식 생산자(modular producer)라는 4가지 별개의 비즈니스 모델을 가진 2×2 프레임워크의 축을 형성한다.

공급자

공급자는 최종 고객의 선호도에 대해 직접적인 지식이 많지 않고 고객과 대면해서 직접 관계를 형성하기보다는 유통업체를 통해서 제품과 서비스를 판매하는 전형적인 파이프라인 기업이다. 유사 제품과 경쟁하고 디지털 검색의 용이성으로 인해 고객이 저렴한 대안을 모색하므로 가격 압력과 상품화에 취약하다. 백색 가전 제조사, 공산품 업체 등이 공급자의 대표적인 예이다.

디지털 세계에서 경쟁하려면 공급자는 고객 친밀도를 높이면서 높은 수준의 효율성으로 운영해야 한다. 공급자는 제품 및 서비스를 차별화하기 위해 훨씬 더 고객을 인식해야 하고, 고객이 원하는 시점에 최고의 제품을 제공할 수 있도록 지속적인 혁신이 필요하다.

성공한 공급자는 이 사분면의 리더가 되거나 광범위한 공급 기반을 갖춘 비즈니스 모델 중 하나인 생태계 운영자 모델로 이동을 고민해야 한다.

옴니채널 비즈니스

옴니채널 비즈니스는 고객에 대한 깊은 지식을 갖고 고객경험을 놓고 경쟁한다. 고객이 온, 오프 채널을 통해 제품에 액세스할 수 있도록 함으로써 선택의 폭을 넓히고 원활한 고객 경험을 제공한다.

많은 은행, 의료 서비스업 및 중개업은 옴니채널 비즈니스이며, 일부 소매 업체 및 보험 회사도 마찬가지이다. 전 세계 매장을 보유하고 있는 IKEA는 침실 가구에서부터 조리된 음식에 이르기까지 일상생활을 위한 제품을 개발하기 위해 고객 지식을 활용했다.

모듈식 생산자

모듈식 생산자는 생태계 전반에 걸쳐 확실한 연결 기능을 제공하지만 최종 고객에 대한 직접적인 지식은 거의 없다. 그들은 다양한 생태계의 고객 요구를 충족시키기 위해 빠르고 효율적이며 확장 가능하고 신뢰할 수 있으며 상호 운영이 가능한 플랫폼의 장점을 놓고 경쟁한다. 그리고 다른 모든 사람의 디지털 생태계에 플러그 앤 플레이할 수 있는 능력이 있다. 모듈식 생산자는 다른 기업의 디지털 플랫폼에 쉽게 연결할 수 있도록 API를 사용한다. 모듈식 생산자의 좋은 예는 많은 수의 전자 상거래 플랫폼에서 결제 옵션으로 자리매김한 페이팔(PayPal)이다.

생태계 운영자

생태계 운영자는 고객 경험 제공과 광범위한 공급 기반이라는 두 가지 면에서 최정상이다. 이들은 이러한 차원을 활용하여 소비자에게 자체 소유의 제품 및 서비스뿐만 아니라 전체 생태계의 공급자가 제공하는 제품을 판매함으로써 원활한 경험을 제공한다. 이런 식으로 생태계 운영자는 다른 사람으로부터 수수료를 받으면서 스스로 가치를 창출한다. 미국과 중국의 대규모 인터넷 소매 업체인 아마존과 알리바바가 생태계 운영자의 좋은 예이다. 생태계 운영자는 두 가지 차원에서 경계를 계속 확장하여 최종 고객에 대한 지식과 사용 가능한 제품의 폭을 넓히는 노력을 해야 한다.

독일 지멘스(Siemens)는 MindSphere 개방형 IOT 운영 체제를 사용하여 IIoT의 생태계 운영자로 전환한 회사의 훌륭한 모범을 보여 준다. MindSphere는 지멘스 핵심 비즈니스는 물론 타사 공급 업체가 제공하는 서비스의 플랫폼 역할을 하며 제품, 시스템 및 기계 데이터를 IoT가 지원하는 고급 분석 기능과 연결하여 자체 디지털 노력을 지원한다.(21)

최근 많은 사람들이 인터넷 다음 세대로 블록체인 네트워크에 집중하고 있다. 기존의 인터넷은 정보 연결이 용이하여 에어비엔비처럼 가상 세계와 현실 세계를 결합하는 사업이 가능하도록 하였다. 그러나 블록체인 기반 네트워크는 에어비엔비 같은 중개인을 두지 않고 시스템 자체가 생태계에 참여하는 구성원끼리 상호 신뢰를 보증하고 수익을 공정히 배분하는 구조이다. 생태계에 참여하는 파트너끼리 신뢰를 바탕으로 하지 않을 경우 제품이나 서비스의 확장은 한계가 있다.

비트코인으로 화제가 되었던 대중을 상대로 운영하는 퍼블릭(Public) 블록체인은 기업과 기업 간의 거래(B2B)인 프라이빗(Private) 블록체인 생태계와는 다르다. 상호 신용으로 거래하는 해외 물류나 농, 수산업 이력 정보를 공유하는 유통업 등이 대표적인 프라이빗 블록체인 사례이다. 이 영역에서는 현재 리눅스 재단에서 개발한 오픈 소스인 HyperLedger Fabric을 이용한 블록체인 플랫폼이 활성화되고 있다.

생태계 운영자는 가치 창출을 위한 잠재력이 가장 크다. 모든 4가지 경로는 일반적인 전략이 무엇인지, 전략에 필요한 것이 무엇인지 명확히 밝혀야만 성공할 수 있는 실행 가능한 경로이다. 그러나 고객 이탈이 가속화되고 시장보다 천천히 성장하는 경우 최종 고객에 대한 지식을 넓히거나 더 많은 생태계로 전환하여 다른(오른쪽이나 위쪽) 사분면으로 이동하는 것을 고려해야 한다. 디지털 생태계가 강하고 고객의 요구 사항에 대한 이해가 높은 조직은 높은 성장과 이익을 나타낸다.

각 디지털 비즈니스 모델이 실행 가능하지만, 고객 지식을 늘리고 기존의 가치 사슬 참여를 확대함으로써 그림 5.3이 제시한 프레임워크에서 위와 오른쪽으로 이동하는 것이 바람직하다.

웨일과 워너의 조사에 따르면 디지털 생태계 모델이 수익의 50% 이상을 보유하고 있으며, 최종 소비자에 대한 높은 지식을 보유한 조직은 업계 평균보다 32% 높은 매출 성장률과 27% 높은 이윤을 기록한다고 한다.

오늘날의 리더는 자신의 회사에 가장 적합한 디지털 비즈니스 모델을 이해하고 훌륭한 고객 친밀도, 더 큰 플랫폼 기능 또는 두 가지 모두를 통해 디지털 구축 전략을 개발해야 한다.

디지털 기술은 성공의 기회와 경로를 만든다. 성공적인 디지털 리더는 미래의 디지털 비즈니스 모델의 과제를 해결하기 위해 현재 우리 회사가 어느 사사분면에 위치하고 있는지, 미래에는 어느 사사분면으로 가야 하는지, 그렇게 하려면 어떤 비즈니스 요건이 필요한지를 이해해야 한다.

불확실성 시대에 우리 기업들은 디지털 혁명이 열어 준 디지털 플랫폼 경제의 시대적 요구에 맞는 비즈니스 모델 전략을 수립할 필요가 있다. 우리 모두 생태계 운영자 사분면으로 이동하여 디지털 시대의 주인이 되자.

참고문헌

1. Business Week/BCG, "Measurring Innovation Survey 2008," BCG Value Science Analysis, 2008.
2. SAP, "DATA-DRIVEN BUSINESS FRAMEWORKS ARE THE FUTURE. IN A HYPERCONNECTED WORLD, THE COLLABORATOR IS KING," *Digitalist Magazine*, 2016(http://www.digitalistmag.com/files/2016/01/Our-Digital-Planet_final.pdf).
3. Daniela Previtali, "Smart Factory Applications in Discrete Manufacturing," An Industrial Internet Consortium White Paper 2017(https://blog.iiconsortium.org/2017/02/smart-factory-applications-in-discrete-manufacturing.html).
4. David Rogers, *The Digital Transformation Playbook: Rethink Your Business for the Digital Age*, Columbia Business School Publishing, 2016. 4. 5.
5. Barry Libert, Megan Beck, *Network Imperative How to survive and grow in age of digital business models*, Havard Business Review Press, 2016.
6. Wang R. Ray, "Walkman to iPod: Business-Model Transformation," *recode*, 2015. 9. 3(http://recode.net/2015/09/03/book-excerpt-business-model-transformation/).
7. World Economic Forum, "Digital Transformation of Industries: In collaboration with Accenture Digital Enterprise," 2016. 1(http://reports.weforum.org/digital-transformation/wp-content/blogs.dir/).
8. McKinsey Digital, "Industry 4.0 How to navigate digitization of the manufacturing sector," 2015(https://pt.scribd.com/document/369708265/Mck-Industry-40-Report).
9. SAP, "Open Innovation in a Digital Economy with SAP HANA Cloud Platform," 2016(https://www.sap.com/documents/2016/10/3ca6f918-8e7c-0010-82c7-eda71af511fa.html).
10. RON REF, MICHAEL HEALD, OLIVIER JANKELOVICS, "Your Role in the Ecosystem," Accenture Strategy, 2017(https://www.accenture.com/t20170908T101844Z__w__/ro-en/_acnmedia/PDF-56/Accenture-

Strategy-Your-Role-in-the-Ecosystem.pdf).

11. Marshall. W. Alstyne, Geoffery G., Parker, and Sangeet Paul Choudary, "Pipelines, Platforms, and the New Rules of Strategy," Harvard Business Review Korea, 2016. 4(http://dbr.donga.com/images/banner/marshall_van_alstyne.pdf).
12. Sonata Software, "The Digital Business Revolution ? Powered by Platformation" (https://www.sonata-software.com/assets/pdf/digital-business-revolution.pdf).
13. David Evans, Richard Schmalensee, "The Industrial Organization of Markets with Two-Sided Platforms," *CPI Journal*, Vol. 3, 2007.
14. Philip Carter, Jan van Vonno, and Sureshpal Singh, "introducing the enterprise digital platform," SAP, 2017. 5(https://www.sap.com/docs/download/cmp/2017/05/digital-platform-spotlight.pdf).
15. 김민식 · 이가희, 「디지털 플랫폼과 인공지능(AI)의 이해」, 『kisdi』, 제29권 18호, 통권 655호, 2017(http://m.kisdi.re.kr/mobile/repo/com_view.m?key1=14224&selectPage).
16. EMC, "Why Companies Must Embrace Digital Transformation Now," 2017.
17. Bruno Berthon, Emmanuel Jusserand, Ben Medland, "BUILDING A Digital Ecosystems COLLABORATE FOR GROWTH," *Accenture*, 2017(https://hobbydocbox.com/Art_and_Technology/73334176-Building-a-digital-ecosystem-collaborate-for-growth-bruno-berthon-emmanuel-jusserand-ben-medland.html).
18. 김석인, 「글로벌 산업계는 지금 '오픈 이노베이션' 열풍 외부 기술 · 아이디어 더하고 내부 자원 공유」, 『중앙시사매거진』, 2018. 7. 2(https://jmagazine.joins.com/economist/view/321824).
19. Olu Adegoke, "From Digital Experimentation to Digital Transformation," Infosys, 2018(https://www.infosys.com/industries/communication-services/white-papers/Documents/digital-experimentation-transformation.pdf).
20. Peter Weill, Stephanie Woerner, *What's Your Digital Business Model?: Six Questions to Help You Build the Next-Generation Enterprise*, Harvard

Business Review Press, 2018. 5. 8.

21. John Sviokla, "Four Business Models for the Digital Age," S+B BLOGS, 2016. 12. 8(https://www.strategy-business.com/blog/Four-Business-Models-for-the-Digital-Age?gko=67c74).

Chapter

부록 Deep Dive

부록

Deep Dive

DEEP DIVE 1: 수요 기반 공급망

소비자가 찾는 물건을 정시에 공급하기가 말처럼 쉽지 않다. 그 주요 원인은 계획과 실행 간의 동기화가 부족하기 때문이다. 이것은 실행 기능과 계획 기능이 통합되지 못한 결과이다. 기능이 갖추어져 있더라도 실시간 데이터의 가용성이 좋지 않을 경우 모든 비즈니스, 채널 및 제품을 전체 시각에서 볼 수 없다. 이를 해결하려는 노력의 일환으로 수요 기반 공급망(demand-driven supply chain) 비즈니스 모델이 구현되고 있다.

캡제미니는 여러 소매 업체 및 소비자 제조 업체와 협력하여 수요 기반 공급망을 운영하여 아래와 같은 이점을 제공하였다.

- 소매 업체가 계획 및 실행 업무를 혁신하는 것을 지원했다. 이 솔루션으로 계획 주기 시간을 30% 이상 단축하고 가시성 및 분석 기능을 향상시켰으며, 소매 업체가 수요 변화에 신속하게 대응할 수 있게 되었다.
- 대형 식료품 소매 업체와 협력하여 협력적 공급망 프로세스, 공급망 대응력을 원활하게 하기 위한 조직 및 시스템을 개발하고 수동 프로세스를 자동화하며 판촉과 같은 미래 이벤트의 정보 투명성을 제공하고 채찍효과(bullwhip effect)를 줄이면서 마진을 개선했다.
- 대형 소비재 제품 회사의 경우, 현재 상태의 공급망을 평가하고 미래 전략 및 ERP 선택을 조언하며 프로젝트 범위 지정, 솔루션 설계 및 프로그램 관리 지원을 제공했다. 이 새로운 솔루션은 공급망 전반에서 원활한 가시성을 제공했다.
- 제조 업체와 협력하여 프로세스를 설계하고 아웃바운드 및 인바운드 운송을 위한 오라클의 수배송 관리 시스템(transportation management planning) 및 운송 지불을 구현함으로써 확장 가능한 생산 환경에서 운송 관리 프로세스(계획, 실행 및 추적)를 표준화할 수 있었다.

이런 이점을 영위하려면 시스템은 통합 비즈니스 계획(IBP)과 공급망 실행 기능(SCE)이 통합되어야 한다. 하나의 시스템으로 데이터가 기록되고 통합되어야 가시성이 확보된다.

이는 주문 및 출고 계획을 실행 프로세스와 동기화하여, 구매 주문, 출하 및 재고 이동을 매장 수준까지 실시간으로 모니터링하면서 예외 관리를 통해 보다 효율적인 공급 및 수요를 조율한다.

공급망 계획에서 사용되는 S&OP는 예전에는 영업과 생산 부문만 조율한 수평적인 통합이었다. 최근에는 재정 계획(financial planning)과도 수직적으로 통합하는 통합 비즈니스 계획으로 발전되었다. 제조 공급망에서 통합 비즈니스 계획은 주로 네트워크, 조달 및 재고 최적화 영역이다. 소매 공급망 계획(retail SCP)에서 추가되는 영역 및 기능은 부록 표 1을 참조하기 바란다.

모바일과 연동한 공급망 실행 솔루션인 수배송 관리 시스템, 창고 관리 시스템 및 인력 관리는 가치 사슬을 통한 재고 이동을 지원한다. 공급망 계획과 실행이 모바일과 결합되는 연결된 플랫폼 프레임으로 제공되는 통합 솔루션은 계획, 보충, 공급망 물류, 창고 관리와 매장 운영을 통합하는 포괄적인 전사적 시스템이다. 공급 업체 포털, 고객 관계 관리, 재무 및

부록 표 1 제조와 소매 공급망 비교표

유형	영역	기능
제조 공급망	네트워크, 구매 및 재고 최적화	생산 계획 및 스케줄링 / 물류 센터 레벨 보충 계획 / 협업 계획(수요, 보충, 분류, 판매 촉진)
	신제품 개발	판매 촉진 관리 및 최적화 / HQ 계획 및 가격 최적화
소매 공급망	신제품 개발	직접 소매점 배송 실행 / 마케팅 최적화 / 판매장 레벨 예측 보충 계획 및 밴더 재고 관리(VMI)
	로컬 분류 최적화	카테고리 계획, 판매점 클러스트링 및 분류 계획 / 플로어 / 공간 계획 / 매장 분석

회계, 인사, 재무 계획 및 데이터웨어 하우징과 연동되어 가시성과 추적성이 강화된 가치 사슬을 구현함으로써 경쟁 우위가 있다.

DEEP DIVE 2: 자가 학습 알고리즘 기반의 수요 감지

조직은 빠르게 변화하는 고객 요구 사항, 사고방식 및 다양한 대안을 통해 변화하는 수요 변동을 예측하기 어렵다. 예측 오류는 계획, 재고 및 실행에 연쇄적인 영향을 준다. 양적 및 질적 방법을 사용하여 과거 정보를 분석하여 계산한 예측치는 실제 수요와 상당한 차이가 있으므로 단기간의 수요를 감지하는 것이 중요하다.

부록 그림 1 수요 감지

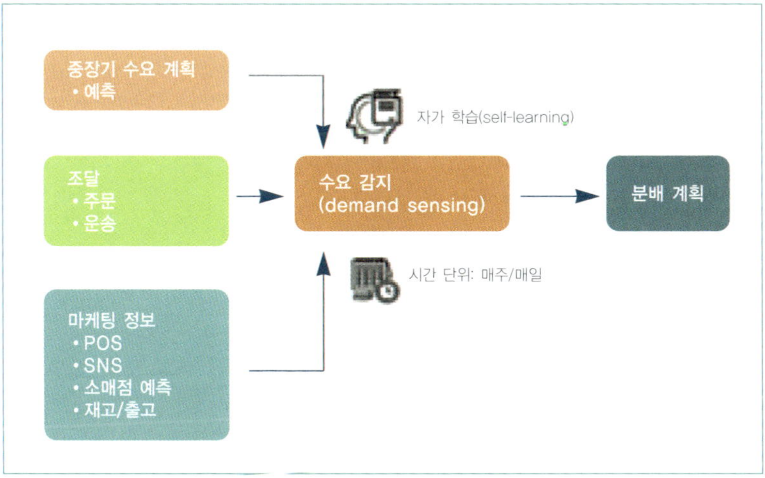

기업은 실시간 수요 신호를 사용하여 자체 학습 알고리즘 기반의 수요 감지를 실시해야 한다(부록 그림 1 참조). POS(point-of-sale), 소셜 미디어 상호 작용, 경제 지표 및 기상 조건과 같은 여러 데이터 소스를 합성하고, 통찰력을 제공하기 위해 대량의 데이터를 분석한다. 수요 감지는 부가가치 예측과 극단적인 오류를 줄이기 위한 단계적 변화를 제공한다.

수요 예측에서 실시간 신호를 사용하는 것은 과거의 출하 실적이나 판매 및 마케팅의 편향된 입력에 의존하기보다는 현재의 시장 상황과 일치하는 예측을 만들기 때문에 상당한 차이가 있다. 결과적으로 단기 예측 오차는 일반적으로 전통적인 수요 계획과 비교하여 약 30~40% 감소한다.

더 많은 변수를 분석할 수 있는 인지 컴퓨팅은 예측 정확도가 더 높은 예측을 할 수 있다. 인지 기술은 컴퓨터가 데이터 간의 깊은 이면에 있는 추론을 해석할 수 있게 하고, 구조화되지 않은 데이터에서 통찰력과 감정을 얻기 위해 고급 알고리즘을 사용하여 텍스트를 해석할 수 있게 해준다. 소매 POS 데이터는 소비자 선호도 및 수요에 대한 풍부한 통찰력을 포함할 수 있다. 데이터는 페이스북과 같은 소셜 미디어, 웹 브라우징, 전자 상거래 및 제품 평가 등 다양한 채널을 통해 생성된다. 인지 컴퓨팅을 통해 조직은 데이터 패턴을 분석하고 신속하게 상관관계를 파악하여 소비자의 수요를 예측하고 서비스를 개인화할 수 있다.

DEEP DIVE 3: 가상 물리 생산 시스템의 통제 구조

CPS을 이용한 생산 시스템은 다양하게 연구되어 왔다. 예를 들면, 지능형 제조 시스템(intelligent manufacturing systems: IMS), 생물학적 제조 시스템(biological manufacturing systems: BMS), 재구성 생산 시스템(reconfigurable manufacturing systems: RMS), 디지털 공장

(digital factories: DF), 홀론 제조 시스템(holonic manufacturing systems: HMS) 등이 있다. 서로 다른 모듈 간에 통신 프로토콜을 처리하는 복잡성이 증가하므로 여기에서는 가상 물리 생산 시스템(CPPS)을 위한 에이전트 기반 제어 시스템(agent-based control systems)의 구조 개념에 대해서 설명하고자 한다. 에이전트는 데이터 입출력 인터페이스가 있는 유연한 데이터 처리 응용 프로그램의 역할을 함으로써 서로 다른 모듈 간의 통신을 처리할 수 있다.

부록 그림 2에서 보는 것과 같이 조립 가공(operation)과 모듈(module)로 구성된 가상 환경(planning: virtual environment)에서 만들어진 조립 계획이 우선 조립 라인의 스테이션(station)으로 사상된다. 어셈블리 메모리(assembly memory)는 각종 제품(product variant)에 대한 기본 작업(basic task), 특정 작업(specific task), 매개변수(parameter) 및 어셈블리 모듈의 관련 세부 정보를 보관하고 있다. 에이전트(agent)는 어셈블리 시스템 내의 인터페이스를 통해 데이터를 읽고, 처리하고, 쓰고, 교환할 수 있다. 조립 라인의 각 스테이션 안에 위치한 에이전트는 왼쪽에 있는 어셈블리 메모리에 저장된 데이터베이스에 액세스할 수 있다. 오른쪽에 있는 특정 기능을 제공하는 다른 스테이션 모듈은 에이전트에 연결된다. 이때 다른 인터페이스를 통해 모듈과 에

부록 그림 2. 에이전트 기반 제어 시스템의 구조

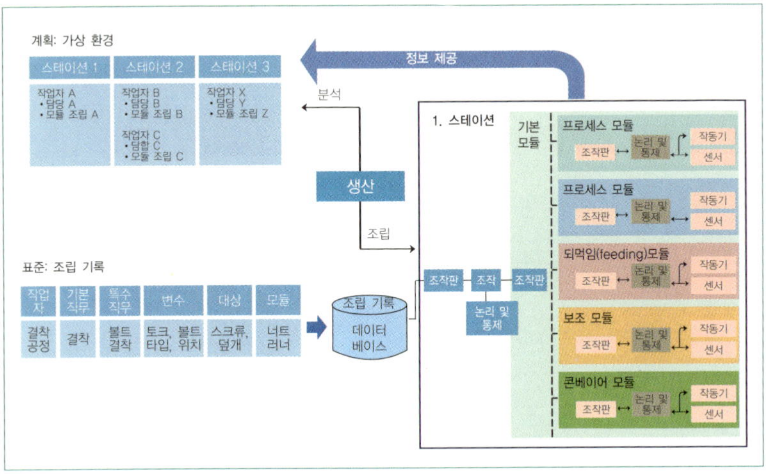

이전트는 어셈블리 메모리에서 정보를 교환할 수 있다.

에이전트는 다양한 가상-물리 모듈에 대한 중재자 또는 조정자 역할을 수행한다. 에이전트의 주된 임무는 어셈블리 메모리 데이터베이스에서 받은 정보를 기반으로 결정을 내리고 관련 모듈에서 처리할 수 있는 형식으로 지정하여 결과를 반환하는 것이다. 또한 모듈은 제품이 스테이션에 진입하면 전송 모듈이 제품을 식별하고 식별자를 에이전트로 보낸다.

이 식별자를 기반으로 에이전트는 데이터베이스에서 특정 제품에 대해 수행해야 하는 작업에 대한 정보를 요청한다. 반환된 결과에 따라 제품이 스테이션 내의 모듈 중 하나에서 서비스를 할지 여부가 결정된다.

스테이션에서 수행할 서비스가 없으면 해당 모듈이 들어 있는 다음 스테이션으로 제품이 전송된다. 그렇지 않으면 스테이션에서 관련 모듈을 보유하고 있으면 에이전트가 수신된 정보를 처리하고 형식을 지정한다. 여기에는 해당 통신 프로토콜을 통해 모듈에서 읽은 작업, 매개 변수 및 특정 구문이 포함된다.

모듈이 어셈블리 작업을 성공적으로 완료하면 에이전트에 알리고 다음 번 작업을 시작할 수 있도록 제품 변형의 어셈블리 메모리를 업데이트한다.

소비자의 다양한 요구를 충족하기 위해서 우리 제조 현장은 한 조립 라인에서 여러 가지 제품을 생산할 수 있는 다양한 변형 라인(multi-variant line) 형태를 갖추어야 한다. 이러한 가상 물리 시스템(CPS)은 센서로 환경을 감지하고 액추에이터를 통해 환경과 상호 작용하는 지능형 임베디드 시스템으로 알려진 여러 모듈로 구성된다.

DEEP DIVE 4: 디지털 플랫폼 기술 빌딩 블록 세트

엔터프라이즈 디지털 플랫폼은 외부 생태계의 관심을 포

부록 그림 3 혁신적인 기술 빌딩 블록 세트

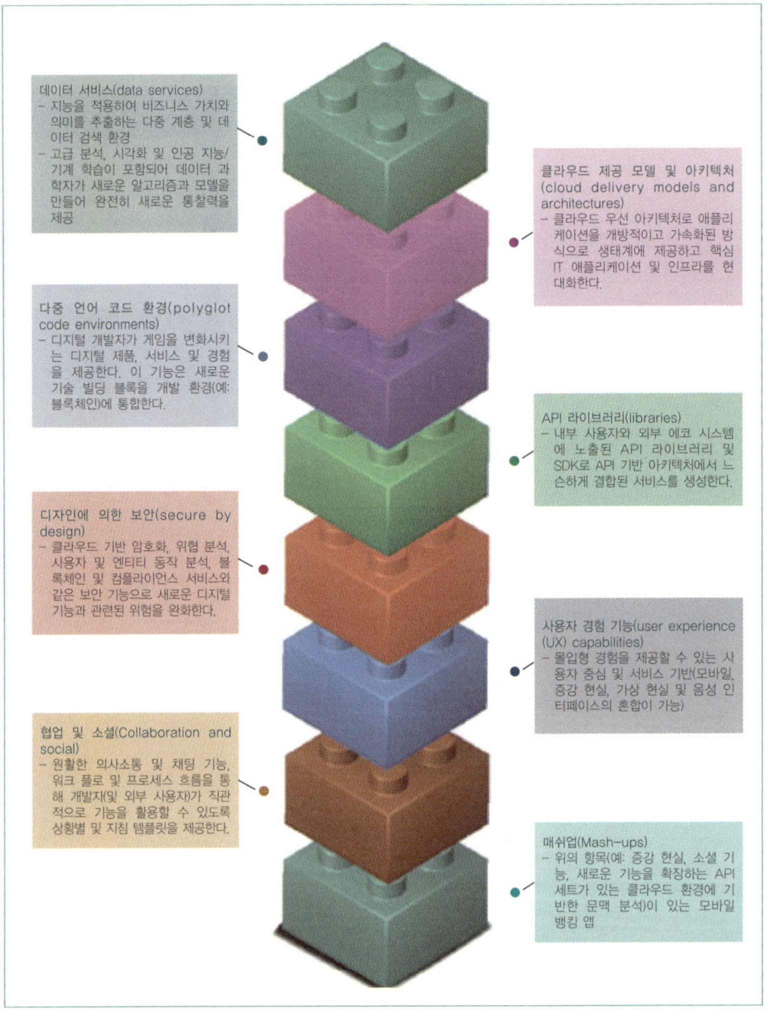

착하기 위해 게임을 변화시키는 디지털 경험을 제공하는 기본 기술 빌딩 블록을 부록 그림 3과 같이 제공한다.

찾아보기

ㄱ

가상 물리 생산 시스템(cyber-physical production systems: CPPS) • 101, 139, 145, 205
가상 물리 시스템(cyber physical systems: CPS) • 75, 100
가상 현실(vertual reality: VR) • 36, 46, 54, 61, 145
가치 네트워크(value networks) • 73
가치 사슬 • 112
개방형 혁신(open innovation) • 184
개별 계획(silo planning) • 79
고객 경험 • 21, 29, 73
고객 경험 관리(customer experience management: CEM) • 30
고객 경험 시스템(customer experience system) • 60
고객 관계 경영(customer relationship management: CRM) • 31
고객 여정(customer joumey) • 35, 37, 51, 54
공급망 가시성 • 88
공급망 계획(supply chain planing: SCP) • 79
공유 경제(sharing economy) • 8, 12
구글(Google) • 38
규범적 분석(prescriptive analytics) • 73, 99
기술적 분석(descriptive analytics) • 98

ㄴ

나이키 • 158
납기 확약(avaliable to promise: ATP) • 35
납기 확약 할당(ATP allocation) • 92

ㄷ

대응 계획(response planning) • 81
데이터 기반 운용 효율화(data-driven operational excellence) • 97
디지털 고객 • 37
디지털 공급망(digital supply network) • 72
디지털 비서(digital assistance) • 49
디지털 생태계 • 4
디지털 스레드(digital thread) • 102, 132, 152
디지털 전환 • 3, 16, 29, 114
디지털 제조(digital manufacturing) • 12, 117, 143
디지털 코어 • 114
디지털 큐레이션 • 179
디지털 트윈(digital twin) • 77, 130, 133
디지털 플랫폼 • 12, 77, 151
디지털 혁명 • 112, 141

ㄹ

레고(Lego) • 183
로봇 프로세스 자동화(robotics process automation: RPA) • 94
로컬 모니터(Local Monitor) • 143
롤스로이스 • 151, 158
린경영(lean management) • 17

ㅁ

마이크로서비스 • 48
마이크로소프트(Microsoft) • 46
미세 공장(micro factory) • 143
미쉐린(Michelin) • 151
민첩 협력 네트워크(agile collaborative network) • 75

ㅂ

버버리 • 33
변형 구성(variant configuration) • 128
브리태니커 • 160
블록체인 • 46, 55, 191
비즈니스 계획(business planning) • 78
비즈니스 분석 • 97, 140
비즈니스 위크(Business Week) • 157
비즈니스 인텔리전스(business intelligence: BI) • 99
비즈니스 통합 계획(business planning consolidation: BPC) • 79
비즈니스 혁신 • 20
비콘(Beacon) • 47, 61
B2B • 6, 94
B2C • 6, 84, 94
빅 데이터 • 96

ㅅ

사물 인터넷(IoT) • 36, 45
사일로 현상 • 118
산업용 사물 인터넷(industrial internet of things: IIOT) • 121
상세 스케줄 계획(production planing & detailed schedule) • 79
생산 실행 시스템(manufacturing execution systems: MES) • 118
생산 주일정 계획(master production scheduling) • 35
생판 회의(sales & operation planning: S&OP) • 80
성과 중심 경제(output based economy) • 41
수요 감지(demand sensing) • 10, 91
수요 계획(consensused demand planning) • 79
수요 기반 공급망 관리(demand driven supply chain management) • 71
스마트 공급망 • 21, 74
스마트 공장 • 21, 73, 145
스마트 서비스 월드(smart service world) • 5
스마트 스토어(smart store) • 44

SmartF-IT 프로젝트 • 145
스타벅스 • 32, 47
C 레벨 리더십 • 42
실시간 경영(live management) • 20
실용 최소한의 제품(minimum viable product: MVP) • 10

ㅇ

아디다스(Adidas) • 143
아마존(Amazon) • 47, 50, 94, 111, 166
애플(Apple) • 50, 160, 165
어도비(Adobe) • 36
SCOR(Supply Chain Operations Reference) • 89
에어비앤비 • 171
연결 공급망(connected supply chain) • 77
예측 및 합의 계획(forecasting and consensus planning) • 79
예측 분석(predictive analytics) • 10, 99
오라클 • 47
O2O • 13, 47
옴니채널(omni-channel) • 9, 40, 56, 187
우선순위 규칙 기반 계획(priority rule-driven heuristic planning) • 92
운영 기술(operations technology) • 119
유니콘 기업 • 14
이머징 마켓(emerging market) • 13
이월 주문(back order process: BOP) • 93
인공 지능 • 63
인더스트리 4.0(industrial 4.0) • 5, 145
Industrial Internet Consotium(IIC) • 138
인메모리(in-memory) 기술 • 98
인스타그램 • 160
인지 제조(cognitive manufacturing) • 139
입소문 마케팅(word of mouth marketing) • 39

ㅈ

자가학습 알고리즘(self-learning algorithm) • 99
재고 최적화(inventory optimization) • 82
재래식 소매 업체(brick & mortar) • 157
재정 계획(financial planning) • 79
전략 계획 • 79
전방위(front office) • 6, 34
전사적 자원 관리(ERP) • 128
전술 계획 • 79
정보 기술(information technologe: IT) • 119
정보 통합 • 117
제록스 • 159
제품 개발의 신속화(fast works) • 45, 75
제품-서비스 통합 시스템(product service system: PSS) • 147
제품 수명 주기 관리(product lifecycle management: PLM) • 11
제품 할당(characteristics based product allocation) • 93
증강 현실(augmented reality: AR) • 36, 145
지능형 고객 경험(intelligent customer experience management: ICXM) • 50, 60
지멘스(Siemens) • 24, 190
GE • 75

ㅊ

채찍 효과(bullwhip effect) • 118, 200
챗봇(chatbot) • 21, 36, 49
초개인화 • 8
총소유 비용(total cost of ownership: TCO) • 41
총알 배송 • 9
최적화 계획(optimization-based planning) • 92

ㅋ

카이저(Kaeser Kompressoren) • 150
컨트롤 타워 • 81
컴퓨터 통합 생산 방식(computer integrated manufacturing: CIM) • 118
코닥 • 161
클라우드(Cloud) • 47, 85
클라우드 컴퓨팅 • 7, 157, 174

ㅌ

텔레매틱스(telematics) • 151
통합 비즈니스 계획(integrate business planning: IBP) • 21, 82, 123, 201
통합 컨택트 센터(integrated contact center: ICC) • 40

ㅍ

파이프라인(pipeline) • 19, 176
판매 시점 정보 시스템(point of sale system: POS) • 90
퍼스트빌드(FirstBuild) • 75
폐쇄 피드백(closed loop feedback) • 124
플랫폼 비즈니스(platform business) • 4, 21
피어 투 피어 고객 서비스 • 184

ㅎ

하이어(Haier) • 184
Hyperledger Fabric • 191
한계 비용 • 13
할리데이비슨(Harley-Davidson) • 127
핵심 성과 지표(key performance index: KPI) • 79
협업 네트워크 • 42
호스트 • 172
후방위(back office) • 6, 34